HERMES

在古希腊神话中,赫耳墨斯是宙斯和迈亚的儿子,奥林波斯神们的信使,道路与边界之神,睡眠与梦想之神,死者的向导,演说者、商人、小偷、旅者和牧人的保护神——解释学(Hermeneutic)一词便来自赫耳墨斯(Hermes)之名。

西方传统 经典与解释
CLASSIC & INTERPRETATION HERMES

刘小枫 ● 主编

凯撒的剑与笔

Julius Caesar's Sword and Letters

李世祥 | 编/译

华夏出版社

古典教育基金·正则资助项目

缘　起

　　自严复译泰西政法诸书至本世纪四十年代，汉语学界中的有识之士深感与西学相遇乃汉语思想史无前例的重大事变，孜孜以求西学堂奥，凭着个人的禀赋和志趣选译西学经典，翻译大家辈出。可以理解的是，其时学界对西方思想统绪的认识刚刚起步，选择西学经典难免带有相当的随意性。

　　五十年代后期，新中国政府规范西学经典译业，整编四十年代遗稿，统一制订新的选题计划，几十年来寸累铢积，至八十年代中期形成振裘挈领的"汉译世界学术名著"体系。虽然开牖后学之功万不容没，这套名著体系的设计仍受当时学界的教条主义限制。"思想不外义理和制度两端"（康有为语），涉及义理和制度的西方思想典籍未有译成汉语的，实际未在少数。

　　八十年代中期，新一代学人感到通盘重新考虑"西学名著"清单的迫切性，创设"现代西方学术文库"。虽然从迻译现代西学经典入手，这一学术战略实际基于悉心疏理西学传统流变、逐渐重建西方思想汉译典籍系统的长远考虑，翻译之举若非因历史偶然而中断，势必向古典西学方向推进。

　　九十年代以来，西学翻译又蔚成风气，丛书迭出，名目繁多。不过，正如科学不等于技术，思想也不等于科学。无论学界迻译了多少新兴学科，仍似乎与清末以来汉语思想致力认识西方思想大传统这一未竟前业不大相干。晚近十余年来，欧美学界重新翻译和解释古典思想经典成就斐然，汉语学界若仅仅务竞新奇，紧跟时下"主义"流变以求适时，西学研究终不免以支庶续大统。

西方思想经典即便都译成了汉语，不等于汉语学界有了解读能力。西学典籍的汉译历史虽然仅仅百年，积累已经不菲，学界的读解似乎仍然在吃夹生饭——甚至吃生米，消化不了。翻译西方学界诠释西学经典的论著，充分利用西方学界整理旧故的稳妥成就，於庚续清末以来学界理解西方思想传统的未尽之业意义重大。译界并非不热心翻译西方学界的研究论著，甚至不乏庞大译丛之举。显而易见的是，这类翻译的选题基本上停留在通史或评传阶段，未能向有解释深度的细读方面迈进。设计这套"西方传统：经典与解释"，旨在推进学界对西方思想大传统的深度理解。选题除顾及诸多亟待填补的研究空白（包括一些经典著作的翻译），尤其注重选择思想大家和笃行纯学的思想史家对经典的解读。

编、译者深感汉语思想与西学接榫的历史重负含义深远，亦知译业安有不百年积之而可一朝有成。

刘小枫
2000 年 10 月于北京

在正义的极端行动和不义的极端行动之间做出客观的鉴别，乃是纪事作家最为崇高的一项职责。

——施特劳斯

目 录

编译者导言 凯撒的德性 …………………………………… 1

库尔特 凯撒的仁慈 ……………………………………………… 1
布利塞特 凯撒与撒旦 ………………………………………… 14
亚韦茨 凯撒、凯撒主义与史家 ……………………………… 36
斯克莱纳日 凯撒、卡图与撒路斯特的道德言辞 …………… 56
阿德科克 赳赳武夫 …………………………………………… 75
博恩 凯撒的指挥艺术 ………………………………………… 83
卡夫 战士凯撒 ………………………………………………… 96
墨菲 凯撒《高卢战记》对演说辞的使用 …………………… 103
施利策 凯撒叙述风格的演进 ………………………………… 117
德威特 凯撒战记的非政治本质 ……………………………… 130
史密斯 密谋与密谋者 ………………………………………… 143
马什 罗马贵族与凯撒之死 …………………………………… 157
埃伦伯格 凯撒的最终目标 …………………………………… 168
福勒 凯撒对命运的理解 ……………………………………… 183

凯撒的德性

（编译者导言）

罗马的衰亡是西方有识者难祛的心病，诸多名家都要把罗马拎出来做一番评述，从阿庇安、李维、迪奥、马基雅维里、孟德斯鸠到吉本和蒙森等等，德国凯撒研究专家贡多尔夫在《凯撒的衣钵》①中更是开出长长的名单，几乎把西方思想大家一网打尽。有些人谈及罗马共和国的崩塌时扼腕叹息，说到所谓的罪魁祸首凯撒时更是咬牙切齿。究其原因，罗马共和体制是现代西方政治制度的主要蓝本之一，是议会两院、三权分立的雏形。罗马共和的衰亡暗示着现代西方政治制度并不像拥趸们鼓吹的那样完美无缺、坚不可摧。凯撒的作为直指现代启蒙哲人背后的信条：制度与法律可使人事恒久良善。

凯撒在西方史学中的形象无疑是由蒙森在《罗马史》②中创立的。在蒙森眼中，凯撒是位不世出的天才人物，伟大的国务活动家、军事统帅、雄辩家和作家。凯撒能够团结各种社会成分，实施超阶层的统治，其目的在于恢复古代王权，复兴罗马民族。蒙森同时认为，凯撒使西方各民族罗马化，成为欧洲所有现代文

---

① Friedrich Gundolf,, *Mantle of Caesar*, Translated by Jacob Wittmer Hartmann, Cayme Press, London, 1908。

② T. Mommsen, *Römishce Geshichte*, 8卷, Munich, 1976; History of Rome, W. P. Dickson 翻译, 4卷, London, 1885。

明的始祖。针对蒙森的凯撒神话,反应最强烈的是费雷奥①,他认为凯撒根本就算不上杰出的政治家,不过是名运气好的投机冒险分子。凯撒在担任执政官时想像伯利克里那样建立温和的民主制度,后来千方百计地避免内战,不过却不断地犯错,即便赢得内战后,凯撒的地位也说不上巩固。

一战后,迈耶尔的《凯撒君主制与庞培元首制》② 对元首制与君主制做了比对。迈耶尔认为,元首制的形式是共和的,由元老院统治国家,首席元老应视为共和制度的保卫者,而这种制度萌生于庞培,开花结果于奥古斯都。凯撒则希望把罗马变成希腊式的王国。不过,迈耶尔对凯撒的政治活动做出了相当高的评价,认为凯撒心中有明确的国家形式,不是人们普遍认为的那种见风使舵的政客。与迈耶尔不同的是,塞姆的《罗马革命》③ 把罗马共和国向帝国的过渡理解成一种革命,强调罗马的政治生活不是取决于贵族与平民、新贵与旧贵的斗争,而是取决于对权力、荣誉和财富的攫取。塞姆对凯撒的评价非常谨慎,认为凯撒并不是革命者,倒可以说是现实主义者和机会主义者,比我们通常所认识的更保守,更像罗马人。塞姆主张我们没有必要假设凯撒要建立一个希腊式的王国,凯撒的目标不过是要消除内战的政治后果。

在凯撒的现代传记中,最有名的莫过于格尔策的《凯撒:政客与政治家》④。格尔策说凯撒虽然遇刺身亡,但仍是位胜利者,因为其后的政治框架依然按他指出的道路推进,尽管采取的形式

---

① Guglielmo Ferrero, *Grandezza e Decadenza di Roma*, 1902 – 1907; *The Greatness and Decline of Rome*, Trans. by Alfred E. Zimmern, London: William Heinemann, 1909。

② Eduard Meyer, *Caesars Monarchie und das Principat des Pompejus*, Stuttgart and Berlin, 1922。

③ R. Syme, *The Roman Revolution*, Oxford, 1959。

④ M. Gelzer, *Caesar der Politiker und Staatsmann*, Wiesbaden, 1960; *Caesar: Politician and Statesman*, Trans. by Peter Needham, Harvard University Press, 1968。

更为缓和。在格尔策眼中，凯撒善于处理日常政治事务，同时又不忽视重大目标。凯撒天资卓著，行事敏锐，果敢无畏，这使他超越了同代人，但仍是地地道道的罗马人。不过，凯撒的天才让他飞得太高，以至没有人能跟得上他的步伐。格尔策的传记明显带有为凯撒辩护的色彩，有学者甚至认为格尔策复活了蒙森的观点。

古人云立德、立功、立言，关于凯撒的功过虽聚讼纷纭，凯撒却担得起这三项。凯撒终结共和，开启帝制，他个人的名字成了后世君主的集体用语，征高卢、平庞培，成为西方最伟大的将军之一，与亚历山大和拿破仑齐名。据说，凯撒对亚历山大念念不忘，而拿破仑对凯撒则牢记于心。凯撒治军的严厉、作战的勇敢迅捷都成为军事史上的佳话。征战之余，凯撒撰写了《高卢战记》和《内战记》，此外还有政论文《反卡图》、关于文学创作的《论类比》和大量的情书，可惜均已散佚。凯撒的战记简洁、朴实、流畅，看上去自然随意，实际上却可能暗含着细密的心思，堪称后世战记的典范。而在"三立"之中最为复杂、争议最多的莫过于凯撒的德性。

"德性"的拉丁文是 virtue，指事物好的状态，从辞源上讲，最初的意思是勇气或阳刚，后来泛化为能力的卓越，尤其道德上的卓越。德性内涵的每一次变化——从能力到道德，再从道德回到能力，都是西方思想史上惊心动魄的转折。可以罗列在凯撒头上的德性有很多，但最根本的几项是仁慈、理智、高贵、勇敢和果断。库尔特对凯撒的仁慈做了精彩的分析，笔者不再赘言（见"凯撒的仁慈"）。关于理智，斯克莱纳日认为，当凯撒为喀提林辩护时，"其言论直到论辩结束都将理性等同于善，而他的整个论证都是从理性的角度来定义善"（见《凯撒、卡图与撒路斯特的道德言辞》）。理性的含义有三层，一是表智力，与体力相对，另一层是表逻辑思辨，与情感相对，根据亚里士多德的观点，还有一层是指理智德性，相对应的是道德德性。凯撒身体不好，但却有着充沛的精力，其行军速度往往令敌人措手不及，他在军事上的成功与其说是身体的优势，不如说是源于坚定的意志和敏锐的判断。凯撒认为，作战要以智取胜，要动脑子，不可一味蛮勇。史密斯在《密谋与密谋者》中指出，凯撒的行动基于理性，布鲁图斯等密谋者则出于情感，两方各有正当理由，但又都没有照顾到对方的感受。凯撒清醒地意识到共和国业已腐败和无能，它的灭亡实属必然，思考必然性恰恰是理性的主要特征。布鲁图斯和卡西乌斯虽然也对共和国的问题有所认识，却无法相信其必然消亡。共和在密谋者血液里流淌，他们作为失败者承认凯撒的独裁官地位，但条件是凯撒必须是共和国的独裁官。当凯撒突破了这一点时，共和派在情感上就无法接受。或许双方并不像通常说的那样是善与恶的争斗，他们可能都是怀着良好愿望的天使，悲剧在于，是无法共存的天使。

亚里士多德说，各种道德德性在某种意义上是自然赋予的，只有自然的品质加上努力，才会使得行为完善，自然的德性也就成为严格意义上的德性。① 苏格拉底认为德性即知识，人们做恶并非出于自愿；而亚里士多德则持不同意见：德性（作为品质）与逻各斯（理智的知识）一道起作用，如果一个行为也出于品质，那么它就是出于意愿的，因为品质本身最终是在我们能力之内的、出于我们的意愿的。② 我们从这里可以看到德性与理性呈现出一种紧张，理性并不必然等于德性，有时甚至突破德性的束缚，智识卓越的人未必就有高尚的灵魂。亚里士多德把审慎（$\sigma\omega\tau\eta\rho o\sigma\acute{u}\nu\eta$）列入没有逻各斯的道德德性，但我认为审慎可能处于两者之间的模糊地带，它既源于天性，也来自理智。凯撒的聪敏毋庸置疑，但他是否拥有一颗高尚的心？即便凯撒洞察到了必

---

① 亚里士多德，《尼各马可伦理学》，廖申白译注，商务印书馆，2004年，页189。

② 《尼各马可伦理学》，前揭，页190，注1。

然性，他是否对此保持了足够的审慎？

凯撒举止优雅，气度雍容，出身古老的朱利安家族却终其一生都为平民派的代表。贵族与平民的划分最早可追溯至罗慕路斯和雷姆斯建城时的两座山丘，帕拉丁和阿文丁。当雷姆斯满不在乎地跳过标示着两山界限的矮墙时，罗慕路斯挥剑杀死了自己的弟弟，① 从此帕拉丁和阿文丁成为胜利与失败、荣耀与耻辱的符号，也成了萦绕着罗马人生命的两端。贵族与平民的真正界限不是矮墙，而是胜利和荣耀，当朱利安家族失去了这些时，他们就不得不搬出帕拉丁，将宅院混杂在妓院、酒馆和犹太教堂之中。凯撒孜孜以求的就是胜利和荣耀，权力不过是实现二者的一个必需的阶梯。施密特曾经说过，生命的意义不是活人与死人的争斗，而是活人与活人的较量。凯撒对此非常清楚，只有健壮蓬勃地生活在现世，才能获得来世的幸福，追求功业的欲望虽可导致罪恶，但消除这种欲望会导致更大的罪恶——泯灭卓越。撒路斯特在《喀提林阴谋》中曾说：

> 但是最初使人们的心灵受到触动的与其说是贪欲毋宁说是野心——野心确实是一种缺点，但是它还不算违背道德。因为光荣、荣耀和帝国，这些是好人和卑劣的人同样热烈期望的，只是前者依道而行，但后者没有这些好的技艺，就靠狡诈和欺骗追求。(11：1-2)②

在撒路斯特看来，追求胜利和荣耀是使人成就卓越的途径，凯撒与喀提林都追求荣耀，区别在于凯撒"依道而行"，而喀提林靠的是"狡诈和欺骗"。

在凯撒的德性表中，勇气具有非常突出的位置。据普鲁塔克

---

① 夏尔克著，《罗马神话》，曹乃云译，译林出版社，2000年，页79~80。
② 《喀提林阴谋》，王以铸、崔妙因译，商务印书馆，1996年，页101。

记载①，凯撒在返回罗马的途中曾被海盗掳获，他认为海盗开出的赎金太低，有损自己的身价，主动从 20 塔伦特提高到 50 塔伦特。凯撒与海盗们一起游戏，并半开玩笑半当真地说他会钉死他们，结果凯撒说到也做到了。这是凯撒勇敢的一个经典事例，评论家们认为这说明凯撒要么是胆略过人，要么是孤注一掷的亡命徒，但不管怎样，人们对凯撒的勇敢皆表认同，毕竟鲁莽也是过度的勇敢。英勇（ανδρεία）是柏拉图四德之一，在《王制》（又译《理想国》，429C）中，苏格拉底对勇敢的定义是"（勇敢）就是保持住法律通过教育所建立起来的关于可怕事物——即什么样的事情应当可怕——的信念"②，但又补充说，如在"勇敢"上再加一个"公民的"限定词，也是对的（430C，前揭，页149）。廖申白认为，柏拉图所说的公民的勇敢与奴隶的和兽类的勇敢相对，而亚里士多德所指的公民的勇敢尽管也不同于奴隶的勇敢和兽类的勇敢，但仍然不是真正的勇敢，因为它是出于对荣誉的期求或对耻辱的躲避，而不是出于对美善（即高尚［高贵]）的期求。③问题是真正的勇敢与公民的勇敢有多大的距离，做一个好人与做一个好公民之间究竟存在什么样的关系。

勇敢的极致是不怕死，那么在何种情况下敢于面对死才算是勇敢？亚里士多德自问自答：

> 也许是那些最高尚［高贵]的场合，也就是在战场上？因为，战场上的危险是最重大、最高尚［高贵]的。所以不论是城邦国家还是君主国家，都把荣誉授予在战场上敢于面对死亡的人们。④

---

① 普鲁塔克，《古典共和精神的捍卫——普鲁塔克文选》，包利民等译，中国社会科学出版社，2005 年，页 364。
② 柏拉图，《理想国》，张竹明译，商务印书馆，2002 年，页 148。
③ 《尼各马可伦理学》，前揭，页 82，注 1。
④ 同上，页 78。

荣誉与勇敢密切相联，勇敢赢得荣誉，而荣誉又令人"保持住"要勇敢的信念，但有一个前提，好人就是好公民，好公民就是好人，两者并无冲突。领教了凯撒勇敢的不只是罗马的敌人，还有罗马人。依照柏拉图的观点，城邦的护卫者应具有狗的品性，对外人凶狠，对城邦良善。但这不过是柏拉图的一个美好设计罢了，卓越的人物既可为大善，也可行大恶，让敌人抱头鼠窜的往往也会令自己人心惊肉跳，古希腊发明陶片放逐就是基于这个考虑。凯撒最为大胆之举便是跨过卢比孔，甘愿成为公敌，进军罗马，让庞培和众多元老措手不及，落荒而逃。对于这一事件，普鲁塔克、苏维埃托尼乌斯和阿庇安做了不同的记叙。

在普鲁塔克的笔下，凯撒的心情最为复杂，性格展现得最为淋漓尽致：

> 当他到达了把山南高卢与意大利其他地区分隔开来的那条河流时，凯撒陷入深思，现在他已经越来越接近可怕的一步，他为所要冒的巨大危险焦虑不安，放慢了速度。过了一会儿，他停了下来，沉默良久，进行着激烈的思想斗争，他的决心来回摆动，他的盘算改过来、改过去。他又用了很长时间与在场的朋友讨论局势，包括阿西尼阿斯在内，想到如果他们过河，则将给人们带来巨大的灾祸，同时又想到他们将留给子孙后代的威名。最终，在一股激情的推动下，他丢开了一切顾虑，把自己交付给未来，说出了一句冒险一搏的人常说的话："骰子已经掷下了。"于是跨过了河。①

在苏维埃托尼乌斯的描述中，凯撒在卢比孔对身边的人说，现在还可以回头，一旦跨过河流，就只能靠武力解决了。正当凯撒犹豫不决时，有个俊伟的人物坐在附近吹芦笛，那人突然抢过

---

① 《古典共和精神的捍卫——普鲁塔克文选》，前揭，页389。

士兵手中的号角,吹响了进攻号并跳入了水中。凯撒顺势喊道:"前进,向神的信号和敌人倒行逆施所指的方向!命豁出去了!"① 阿庇安则没有加入这种神话成分:

> 当他到达意大利边界的卢比孔河畔的时候,他停下来,注视着河中的流水,心中盘算着武装渡河将引起的后果。凯撒从思考中回过神儿后,对身边的人说:"朋友们,如果不渡河的话,我会遭遇到许多灾难;如果渡河的话,整个人类将祸患连连。"于是他像一个着了魔的人一样,一冲就渡过了河,口中说出一句俗语:"骰子已经掷了,就这样吧!"②

尽管版本不同,但都说明凯撒在行动之前非常谨慎小心,既在估量有多大胜算,也可能在思考这样做身后会留下什么样的声誉。当个人卓越与共同福祉发生冲突时,凯撒最终选择了个人卓越,阿庇安引用的那句话简直是"宁可我负天下人"赤裸裸的翻版。一旦做出选择,凯撒就毅然决然地付诸行动,这是他一贯的果断风格。

但我们不能轻易就此对凯撒做出道德判断,把他说成共和国的罪人。从罗马整个社会来看,人民已经腐败,政治堕落不堪,原有的机制难以为续,卡图坚持的道德标准对他人来说不过是痴人说梦。维护着传统道德的古典宗教使罗马追求扩张和荣耀,当帝国面积拓展后必须要改进原来的体制以适应新的局势,这逐渐会导致罗马人丢弃古老的风俗,追求享受,生活开始腐化,并将异族人容纳进来,政治共同体由封闭变为开放,实际上为普世性宗教开了方便之门。如此看来,罗马扩张与衰亡之间有一个必然

---

① 苏维埃托尼乌斯,《罗马十二帝王传》,张竹明等译,商务印书馆,1995年,页18。

② 《罗马史》,谢德风译,商务印书馆,1997年,页131,有改动。

的结，无法摆脱，任何想使国家永远强盛的努力都是徒劳。民众的监督的确可以维持政治清明，但当民众败坏了，结果又会如何？反对一个腐败和罪恶的共同体，惩处散发着恶臭的人性，这似乎是上苍赋予凯撒的一项职责。

有学者认为凯撒问题的实质是君主专制与自由共和的对立，即对于人类社会而言，什么是最好的政治体制。① 西方近代思想名家对凯撒的不同态度反映出他们在这一问题上的分歧，但丁将布鲁图斯和卡西乌斯打入地狱最底层，马基雅维里和十八世纪则把他们奉为诛杀僭主的伟人、自由的斗士。因循由诸神转为一神的中世纪基督教传统，但丁认为凯撒体现着一种"单一"意志，是上帝在世间的代表，与统治着世界的"主"有着密切的对应关系，布鲁图斯和卡西乌斯杀凯撒，不仅玷污了友谊，更是违背了神意。② 萨卢塔蒂在为但丁进行辩护时对他为何把两人与犹大一起放在三头魔王卢奇费罗（Lucifer）的嘴里做了解释。萨卢塔蒂③认为，但丁把三人发送到曾经因傲慢而反叛过造物主的魔王那里非常合理，因为犹大背叛了耶稣，而后两人则是背叛了其统

---

① Peter Baehr,《凯撒与罗马世界的衰落》（*Caesar and the Fading of the Roman World*），Transaction Publishers, 1998, 页 2。
② 但丁的原文在《神曲·地狱》三十四章：

> 我的老师说："那儿上面那个头在嘴里、腿在外面乱动的、受最大刑罚的是加略人犹大。头朝下的另外那两个当中，那个从黑面孔的嘴里垂着的是布鲁都：你看，他怎样在那儿拨动着身子，一言不发！那一个是卡修斯，他看起来肢体那样健壮。但是夜晚又回来了，现在我们该离开了，因为我们全看完了。"

田德望先生在注释中说"但丁认为罗马帝国是天意为保障人类享受现世生活的幸福而建立的，凯撒是始皇帝，布鲁都背叛了他，把他刺死，是获罪于天，理应受最重的惩罚"（《神曲·地狱》，人民文学出版社，2002, 页 248）。

③ Salutati, C. 1925, "De Tyranno". 选入 E. Emerton, *Humanism and Tyranny: Studies in the Italian Trecento*, 由 E. Emerton 翻译, Gluoucester, Mass: Peter Smith, 页 113–114。

治正当性源自神意的凯撒。但丁看到了这桩桩件件背后的逻辑，主已经命令所有人事必须由罗马中的一人独自管理，作为费尽心机反对神的计划、想种种办法抑制这一律令的人，布鲁图斯和卡西乌斯被打入地狱岂不实属必然？凯撒在但丁这里实际上已经成了基督教的异教圣徒。弗劳德则进一步指出，此世王国创建者的命运与非此世王国创建者的命运惊人地相似，因为前者是后者的一个铺垫。①

如果说但丁因基督教而诅咒布鲁图斯，这也恰恰是马基雅维里赞美他的一个重要理由。在马基雅维里眼中，凯撒是个十足的僭主，罗马的第一位专制者，凯撒之后罗马城再无自由，布鲁图斯杀他正是为了共和国与自由。马基雅维里在《论李维》中共提及凯撒约三十次，在第一卷第十章说：

> 人们听到作家们为凯撒歌功颂德，并不会为他的名望所骗；因为那些赞美他的作家，既被他的好运所毒化，又怯于帝国的长久；这个由他御宇的帝国，不容作家们秉笔直书。不过，作家若能秉笔直书，会对他有所评议，只消看看他们对喀提林说了些什么，即可一目了然。凯撒如此受人憎恨，与其说是因为他的作恶当受谴责，不如说是因为他存心作恶。也可以看看他们对布鲁图斯的称颂，他们怯于凯撒的强权，不敢羞辱他，便推崇他的敌人。②

马基雅维里称道布鲁图斯是为了反凯撒，反凯撒则是为了颠覆强大的基督教传统。他通过异教反对基督教，真正的用心在于从政治的角度清算所有的宗教，凭靠人的而非神的力量建立一种

---

① J. A, Froude,《凯撒速描》(*Caesar: A Sketch*), New York and London: Harper and Brothers, 1879, 页436。

② 《论李维》，冯克利译，上海人民版，2005，页75。

政治制度，即共和制，现代的政教分离由此发端。不过，马基雅维里对凯撒的情感相当复杂，实际上，两人甚至可以说属于同一类型，区别只在于投身的是不同的战争，面对的是不同的敌人，凯撒反对古老的罗马共和体制，马基雅维里想要消灭的则是古典宗教传统。凯撒凸显了人的力量，他那句"必须用自己的辛勤努力来帮助命运"（《内战记》卷三，73，5）或许令马基雅维里心有戚戚焉。这也就是为何马基雅维里对凯撒的才能（Virtue），尤其是军事才能表现出由衷的赞赏：

> 这里不妨考虑一下，第一，是精兵弱将可怕，还是强将弱兵可怕。按凯撒的看法，两者都不足论。当他进入西班牙攻打阿夫拉尼乌斯和佩特雷乌斯时，他们有极优秀的军队。他却说，自己根本不把他们放在眼里，"因为他是在同没有领袖的军队作战"，这表示出将领的软弱；相反，他去贴萨利攻打庞培时却说，"我是在同一个光杆儿司令作战"。（前揭，页 357–358）

此外，马基雅维里虽指责凯撒专制、滥用武力，却承认"他为了得到因为忘恩负义而无法得到的东西"（前揭，页 123），即罗马共和国先对凯撒行了不义。

总之，伟大的人物往往盖棺也无法论定，兴一利必生一弊，我们切不可奢望他们把所有问题都解决得尽善尽美，要知道历史人物同样是生活在当下，同样要应对最为迫切的事情。回顾波澜壮阔的晚期罗马共和国史时，面对凯撒，我们可以爱他，也可以恨他，但很难做到彻底忘记他。凯撒想同神一样不朽，从这个意义上讲，他的心愿已了。

凯撒的仁慈

库尔特（Cornelia Catlin Coulter）

在凯撒生命的最后几个月里，授予他的诸多荣誉中有一项是"为了他本人和他的仁慈"（αὐτῷ τῇ τ' Ἐπιεικείᾳ αὐτοῦ）① 修建神庙。投票通过的直接理由是凯撒的宽宏大量，他不仅让内战中的敌人活命，还给予他们公民权，归还他们的财产。凯撒在整个军政生涯中则希望罗马人民把仁慈作为自己的杰出品性，这在其对高卢战争和内战的记录中有明确的体现。凯撒在许多段落中使用仁慈（Clementia）及其同义词温良（mansuetudo）、敦厚（lenitas）和悲悯（misericordia）来描述自己如何对待敌人。② 凯撒的同代人是否相信他真的具备这一德性，这一荣誉（如果他拥有的话）是否有其正当的理由，凯撒的仁慈是发自内心还是只是权宜

---

① Dio xliv 6；比较 Appian,《内战记》（*Bellum Civile*）卷 2, 106。E. Babelon（*Description des Monnaies de la Republique Romaine*：Paris, Rollin et Feuardet (1886), II, 29, no. 52）提供了一张硬币图片，上面是四柱神庙的正面，刻有 CLEMENTIA CAESARIS 的字样。[译按] 本文选自《古典学杂志》（*The Classical Journal*），Vol. 26, No. 7, Apr., 1931, 页 513 – 524。如无特别说明，本书《高卢战记》和《内战记》引文均为任炳湘先生译文。

② 比较《高卢战记》卷二 14, 28 和 31；《内战记》卷一 72, 74, 85 和卷三 98。在《高卢战记》卷二 14, 31 中，短语 "sua clementia" 有"他因之而杰出的仁慈"的含义；在卷二 28 中，"ut usus misericordia videretur" 似乎指"为了树立仁慈宽厚的名声"。关于这些段落，比较 T. Rice Holmes, *C. Iulii Caesaris Commentarii Rerum in Gallia Gestarum*：Oxford, Clarendon Press (1914)。

之计，所有这些问题对于研究凯撒生平及作品的人来说都至关重要。

我们一开始就要面对的难题是大部分信息都来自于凯撒本人，他可以随意地涂改事件，根据自己的目标来解释动机。在《内战记》中证据尤其确凿，凯撒写这本书的目的是为了向同胞解释自己的所作所为。《高卢战记》则没有这样出于派系争斗的用心，即便是《内战记》中的事件，罗马有许多人都很熟悉，凯撒要伪造或严重扭曲事实难免会引起强烈的抗议。此前对凯撒不实的指责都证明没有什么依据，通读过战记的人都会觉得凯撒叙事坦诚直率，这是吹毛求疵性的批评所无法改变的。①

后来的纪事作家，如苏维埃托尼乌斯、普鲁塔克、阿庇安、迪奥，大都援引凯撒自己对功业的记述，他们在解释凯撒行为方面没有什么帮助。西塞罗的通信是同时代一个有价值的资料来源。西塞罗及其友人的书信可以让我们更多地了解罗马世界当时发生的实际情况，人们对这些事件又如何看待。通过分析凯撒生平的记述，特别是凯撒的战记及西塞罗的书信，看我们能否从中得出一个有关凯撒仁慈的普遍性结论。

苏维埃托尼乌斯（《凯撒传》lxxiv）提及凯撒早期的许多事件来证明他的善良天性（natura lenissimus）。凯撒向虏获他的海盗作出妥协，让试图毒害他的奴隶死得相对不那么痛苦，没向设计谋害他的法吉泰斯（Cornelius Phagites）或与自己妻子通奸的克洛狄乌斯（Publius Clodius）进行复仇。但关于凯撒的宽和政策，真正重要的例子是他在公元前58年担任高卢总督之后。

行动之初，我们注意到凯撒愿意与敌人妥协，通过谈判而不

---

① 比较 T. Rice Holmes,《凯撒征服高卢》(*Caesar's Conquest of Gaul*: London, Macmillan Co., 1911, 211–256, 尤其是 254–256)。在《罗马共和国》卷三 (*Roman Republic*: Cambridge, University Press, 1923), W. E. Heitland 对于凯撒的评判要消极得多, 比较页 163, 注 3 和页 167: 凯撒的辩辞 (So Caesar alleges)。

是血斗解决难题。在打败厄尔维几人（Helvetii）的军队后，他向其使节提出了几项和平条件：厄尔维几人应提供人质作为其善意的保证，对于他们给爱杜依人（Haedui）和安巴利人（Allobroges）造成的损失应予以赔偿（《高卢战记》卷一14）。厄尔维几人没有接受这些条件，继续行军，彻底失败后被迫返回自己的故土（《高卢战记》卷一28）。同年晚些时候，狄维契阿古斯（Diviciacus）向凯撒诉说了阿里奥维司都斯（Ariovistus）对塞广尼人（Sequani）和爱杜依人的欺凌。他就派人向日尔曼人首领提出请求，于双方方便的地方进行会谈。在这一请求被拒绝后，凯撒才下了最后通牒（《高卢战记》卷一，34f）。

凯撒向战败部族提出的投降条件，依照战争的标准来看，并非全无道理。他通常的要求是交出武器、提供人质、支付贡税（《高卢战记》卷一27；卷二13、15和32；卷四27和36；卷五22）。有一次，凯撒的条件还包括明确允许高卢人留在他们自己的领地（《高卢战记》卷二28）。还有一次，据说为了不伤害城里的居民，凯撒在夜幕降临的时候将军队撤离（《高卢战记》卷二33）。不分男女老幼地进行杀戮，将所有人变为奴隶，甚至没收敌人的所有财物——只给他们留一件外衣①，与这些手段相比，凯撒的这种方式似乎非常温和。这些措施给高卢人留下的印象可能恰恰是凯撒在叙述卑洛瓦契人和阿杜亚都契人（Aduatuci）的请求时要故意达到的效果（比较《高卢战记》卷二14：都恳求凯撒的仁慈与宽大；卷二31：如果侥幸得蒙他的仁慈和恻隐，他们老早就听人说过这个，决定饶恕阿杜亚都契人）。

---

① 关于如何对付敌人，比较 Polybius, xviii 27, xxx 16；普鲁塔克，《苏拉传》xxx,《马略传》xxi 和 xxvii, Camillus xxxv；比较 E. S. McCartney 的 *Cum Singulis Vestimentis* (Class. Phil. xxiii, 1928, 15–18)。即便西塞罗谈到出售 Pindenissitae 战役中掳获的囚犯时也不以为然，说要血洗他们的城镇，让自己的士兵过个愉快的农神节（Ad Atticum v, 20, 5）。

另一方面，如果敌人顽强地抵抗，罗马人就可能会无情地把他们的手臂砍掉。在与纳尔维人（Nervii）的战斗中，按照其使节的说法，整个部族几乎被屠杀殆尽（《高卢战记》卷二28）。① 阿凡历古姆（Avaricum）经过绝望地反抗后陷落，由于高卢人在钦那布姆（Cenabum）对罗马人的屠戮，加上长期的苦战，罗马士兵杀红了眼，无论老人、妇女还是儿童，概不饶过（《高卢战记》卷七28）。阿来西亚（Alesia）鏖战以高卢人战败告终，他们四散逃走，只有罗马人的疲惫才使敌人没有被彻底歼灭（《高卢战记》卷七88）。阿来西亚之围同阿凡历古姆的情况一样，突出的特点都是对非战斗人员的残忍。当阿来西亚的平民由于没有粮食离开城镇时，凯撒拒绝接收他们，我们可以推测这些人不是被砍死，就是在城墙与凯撒的壕沟之间饿死（《高卢战记》卷七78）。②

凯撒的这些行为的确严酷无情，但对于勇猛的敌人，他的同情也显而易见。凯撒以赞许的口吻谈到纳尔维人，他们没有生还的希望时就爬到死者身上，利用尸体形成的壁垒继续战斗……

> 因之，我们完全有正当的理由称这些敢于渡过大河、攀登高岸、闯入形势不利的地方的人为英勇无比的人。这些行为虽是极端不容易的，但高度的英勇使他们轻易做到了。（《高卢战记》卷二27）

凯撒中断对围困阿凡历古姆的记述，写下他亲眼目睹并认为值得铭记的一幕：罗马人的围城工事起火，有个高卢人站在城门

---

① 这种叙述肯定有所夸大；比较 W. Warde Fowler《凯撒》（New York, G. P. Putnam's Sons, 1901, 173）；Holmes,《凯撒对高卢的征服》页80及206及其凯撒战记的辑本导言，页 ix–x 及卷二28注释（prope redacto）。

② 我倾向于前一种观点。凯撒的话非常简单：凯撒在壁垒上安置了哨岗，阻止他们进来。

前向烈焰中扔树脂和油膏；这个人被打倒后就有另一个人站到他的位置上；同样的情形一次次地发生，直到罗马人最终把大火扑灭，击退他们的突围（《高卢战记》卷七25）。卷七结尾描述了维钦及托列克斯（Vercingetorix）的勇敢，他进行这场战争不是为了自己本人的需要，而是为了大家的自由，既然战争失败，他愿为了国人的利益牺牲自己（《高卢战记》卷七89）。

凯撒无法饶恕的事情就是在达成和平协议后又背叛重起事端。书中记录了他对6000名厄尔维几人的惩处，他们在乞求议和后又试图逃跑，凯撒搜到这些人，将其当作敌人处理掉（《高卢战记》卷一27f）；他处死了4000名阿杜亚都契人，将剩下的53000人卖为奴隶（《高卢战记》卷二33）；他还处死文内几人（Veneti）的长老，将其他人都卖掉（《高卢战记》卷三10及16）；他对厄勃隆尼斯人（Eburones）进行种族大屠杀（《高卢战记》卷四34及43）；他掳获钦那布姆的男女老幼，将其搜掠一空并焚毁（《高卢战记》卷七11）。①

乌西彼得斯人（Usipetes）和登克德里人（Tencteri）的情况类似，尽管凯撒对这一事件的叙述精简得几乎是晦涩难懂（《高卢战记》卷四4–15）。在与这些部族的使节进行了两次会谈后，凯撒有理由相信他们正在背信弃义。他同意了对方停战三天的要求，宣布只有为了保障水源供应才会向前推进，并命令骑兵不要主动攻击。但日耳曼人800骑兵突然对罗马骑兵发动猛烈袭击，他们慌乱之下退回到军营。凯撒感觉到现在不应再与日耳曼人进行谈判，就扣留了次日清晨来的族长，然后出其不意地对他们的营地发动猛攻，杀死那些想要反抗的人，将其他的人（包括大量的妇女和儿童）追到莱茵河边。这些人要么死于刀剑之下，要么淹溺在

---

① 厄尔维几人可能被处死。比较 Holmes《高卢战记》卷一28。关于这段话列出的其他情况，比较 Holmes, *Caesar's Conquest of Gaul*, 页80–82, 86–91, 119–25, 130–38；Fowler, *Julius Caesar*, 页174, 184–86, 214, 218–21。

河水中。①

最为突出的例子是在公元前 51 年，当时凯撒在高卢的任期即将结束。在过去的一年，他镇压了维钦及托列克斯领导的大暴动。高卢人交出了他们的首领和武器，还有作为善意担保的人质。不过，反叛再次爆发，凯撒又将之彻底镇压。对于乌克萨洛登纳姆（Uxellodunum）要塞战斗到最后的猛士，凯撒让人把他们的手全部砍掉，作为对想反叛的人活生生的警告（《高卢战记》卷八 44）。②

这些景象非常可怕，但考虑到整场战争历时九年，这些人数并不算多。我们必须同时要想到凯撒及其手下驻扎在高卢不受什么约束，他表现出的宽厚为自己赢得了许多朋友。至少伊尔久斯（Hirtius），他的朋友和属下，让我们相信凯撒温和的名声如此深入人心，以至于在惩处乌克萨洛登纳姆的民众时，凯撒不用担心人们会把这一行为归为自己天性残忍（《高卢战记》卷八 44）。这个国家似乎在和解与重组中度过了公元前 50 年，不幸的是，我们对这一年的细节知之甚少。伊尔久斯说凯撒的主要目标是保持与高卢各部族的友谊，让他们不要有发动战争的愿望和理由。凯撒没有给他们增加新的负担，而是对各部族以礼相待，赠予首领们礼物，因此赢得了这个国家的臣服。多年的征战已使高卢筋疲力尽（《高卢战记》卷八 49）。几个月后内战爆发时，凯撒对他们的控制力就显现了出来。他不仅征调山外高卢军团（Transalpiine）来支持，当地成千上万的贵族和勇士也都自愿为他效劳（《内战记》卷

---

① 凯撒的行为在罗马引起了许多批评，伽图实际上提议应把凯撒交给日耳曼人进行惩处（苏维埃托尼乌斯，《凯撒传》xxiv；普鲁塔克，《凯撒传》xxii）。伽图的责难可能是基于罗马古老严厉的正义理想，而当时别人的批评无疑主要是出于嫉妒。比较 Holmes,《凯撒对高卢的征服》，页 99；Fowler,《凯撒》，页 191f；Heitland,《罗马共和国》卷三，196f。

② 比较 Holmes,《凯撒对高卢的征服》，页 193；Fowler,《凯撒》，页 239；Heitland,《罗马共和国》卷三，页 220。

—39；西塞罗，Ad atticum ix, 13, 4)。①

《内战记》前面几章通篇都是凯撒对于对手不光明磊落的愤恨②，他想突出的是自己不愿发生冲突，这很自然。即便如此，普鲁塔克和苏维埃托尼乌斯所讲的故事可能也有一定的依据。他们说凯撒在跨过那条将高卢行省与意大利划分开的小河时犹豫不决，因为踏入河水就意味着叛国（苏维埃托尼乌斯，《凯撒传》xxxif)。③ 在战争的前几周，我们发现凯撒反复敦促庞培进行会谈，这样他们就可能通过协商来解决问题（《内战记》卷一，9, 24, 26)。凯撒似乎很清楚自己的人格魅力，意识到如果与庞培面对面地谈自己会占优势。连西塞罗这样不赞同其政治标准的人都无法抵御凯撒的魅力。

对于罗马人民来说，内战的爆发意味着回到几十年前的恐怖时代，成千上万的人家破人亡、财产充公。公元前50年后半段至公元前49年初，西塞罗在给阿提库斯（Atticus）的信中充满了对流放的恐惧和对结局的担忧，无论谁是赢家。④

公元前50年12月，西塞罗提到凯撒时说：

> 我们要么与之厮杀，要么依照法律让他成为执政官的候选人。你说"战斗"。结果如何？如果战败，你就被流放；如果打胜，你就会奴役他人。(Ad Att. vii, 7, 7)

---

① 山外高卢军团被称为 Alauda（云雀），显然因战士头盔上有个云雀形象而得名。这个军团甚至在凯撒死后都保留着其建制和名称（苏维埃托尼乌斯，《凯撒传》xxiv；西塞罗，Ad Att. xvi, 8, 2；Phil. xiii, 2)。

② 比较卷一11：这是很不公正的要求。比较 Fowler,《凯撒》, 页259f；Heitland,《罗马共和国》卷三，276，注1。

③ 有人推测说，这个故事可追溯到 Asinius Pollio；比较 Fowler,《凯撒》, 页260。

④ 比较, Ad. Att. vi, 8, 2; vii, 3, 5; vii, 11, 1; 后来的书信仍有着同样的顾虑，viii, 16, 2; ix, 7, 3-5。

公元前 49 年 2 月，西塞罗先引用了自己《论共和国》中的话来描述理想的统治者，然后说：

> 庞培的脑海里从没有这种想法，依目前的形势更是不可能。他们都想拥有绝对的权力，而不是国家的幸福与荣耀。庞培离开罗马，不是因为他无法守卫城池或意大利，也不是因为被迫离开大陆，而是因为他从一开始就谋划掀动所有的陆地与海洋，唤醒蛮族的君王，将全副武装的凶残部族引入意大利，组建庞大的军队。长期以来，庞培梦寐以求的是苏拉式的统治，他在这方面得到了许多同伙的支持。（Ad Att. viii, 11, 2)

在恐惧的氛围中传来了 2 月 21 日科菲尼乌姆（Corfinium）的消息。当时这一要塞由多弥利乌斯（Domitius）统率，由于对守卫城镇感到绝望，就向凯撒投降。五十名元老和他们的儿子，军团指挥官和罗马骑士都被带到凯撒面前。凯撒和颜悦色地讲了一下，未加任何伤害就打发他们走了。多弥利乌斯带到科菲尼乌姆的六百万塞斯特斯（sesterce）巨款也还给了他。多弥利乌斯的士兵没有受到丝毫虐待，只是要向凯撒宣誓效忠（《内战记》卷一 23)。凯利乌斯（Caelius）说，"你有没有读到或听说过还有人行动时比他更迅猛、胜利后比他更克制？"（Ad Familiares viii, 15, 1)。西塞罗写道：

> 你看到国家落入谁的手里了吗？他何等敏捷、警惕和蓄势待发？的确，如果他没有杀人，没有夺人财物，那些最惧怕他的人就会转而对他最为爱戴。（Ad Att. viii, 13, 1)

凯撒有两封信写于这件事之后，一封是给奥皮乌斯（Oppius）和巴尔布斯（Balbus）贺信的回复，两人写信赞许凯撒在科菲尼乌姆的仁慈，另一封是给西塞罗。在给西塞罗的信中，凯撒写道：

> 你对我的看法是对的，因为你非常了解我，没有什么比残忍离我的天性更远了。事情本身已让我感到欣慰，你的称道则给我带来了极大的快乐。我并不担心人们会说遣散的那些人离开后将与我再次刀剑相向。因为我只不过想，我有我的做事方式，他们有他们的。（Ad Att. ix, 16, 2）

在给奥皮乌斯和巴尔布斯的信中，凯撒说：

> 很高兴你们在信中表示对科菲尼乌姆的事情如何由衷地赞同，也很高兴听从你们的建议，更为欣慰的是我完全出于自愿做出这一决定，表现得尽可能克制，努力与庞培和解。这种方式能否赢得大家的善意，取得最后的成功，让我们拭目以待吧。因为没有一位指挥官能通过残忍摆脱憎恨或维持长久的胜利，只有苏拉是个例外，而我则无意效仿他。（Ad Att. ix, 7C, 1）

这纯粹是一种策略？可能是。一个月后，许多人肯定都会有这种看法。在遭到元老院和护民官的反对后，凯撒怒气冲冲地离开了罗马。库里奥（Curio）在与西塞罗交谈时对凯撒的想法直言不讳："许多人都建议进行大屠杀，凯撒对残酷加以克制不是出于天性禀赋，而仅仅是因为他认为仁慈对自己更有利"（Ad Att. x, 4, 8）。释放庞培的两位工程总监马吉乌斯（Numerius Magius）和鲁夫斯（Lucius Vibullius Rufus）无疑是一种策略（《内战记》卷一 24, 34 和卷三，10），这些人对庞培有影响力，凯撒希望，正如他对奥皮乌斯和巴尔布斯所说，他们会对谈判有所帮助（Ad Att. ix, 7C, 2）。

我感觉凯撒有比这更为深远的考虑。对于他离开罗马几周后西班牙发生的情况，凯撒给予了生动的描述。庞培让部将阿弗拉尼乌斯（Afranius）和佩特雷尤斯（Petreius）主管西班牙，他们试图从伊莱尔达（Ilerda）撤退，不料被凯撒的军队包围，断了粮道和水源。凯撒的战士都渴望进行战斗，副将、百夫长和军团指挥官都敦促他投入战斗。因为敌人已经士气全无，凯撒能够轻松地击垮他们，杀个鸡犬不留。但：

> 凯撒所希望的是，最好能不经过战斗，不用部下伤亡就能结束这次战役……为什么一定要他损失一些部下呢？为什么一定要让这些跟着他不辞千辛万苦的士兵去冒受锋镝呢？加之，为什么他要去试一下倏忽难料的命运呢？特别对一个统帅来说，用计谋取胜的责任并不比用剑取胜的少一些。再则，看到他那些势必会丧生沙场的公民同胞，也使他产生了怜悯之心，他宁可在他们安全无恙、没有伤亡的情况下达到目的。（《内战记》卷一72）

即使面对兵变的征兆，凯撒的决心也毫不动摇。当对手不得不投降时，凯撒只要求解散针对他而组建的军队：生活在西班牙的士兵立即遣返，其他人则尽快赶到瓦鲁斯河（Varus）边。他甚至承诺在他们到达瓦鲁斯河之前提供粮食（《内战记》卷一85-87）。庞培军队中有一些人自愿加入到凯撒这边，对此他都以礼相待，给那些军官同样的职位（《内战记》卷一77）。

苏维埃托尼乌斯挑选出这一事件着重叙述，作为凯撒仁慈的范例，并与阿弗拉尼乌斯和佩特雷尤斯的残忍详加比对（《凯撒传》lxxv）。霍默斯在1914年9月所写的文章中说：

> 四个月前，我踏上了这块平坦的土地……凯撒在这里本能够让庞培的人全军覆没。在我看来，通过描述那可怕的景象以及手下要求杀戮的喧闹（凯撒将之平息），凯撒克制的叙述风格所具有的生动性达到了顶点，在生命的那一刻，凯撒

的性格最值得尊崇。对赢得一场不流血胜利的坚信，对自己下属的体谅，对敌人的同情，对兵变征兆的视若无睹，对自己目标的坚定，对行使自己权威的铁面无私，无论时代如何进步，凯撒树立的丰碑我们今天仍然无法缺少。①

当时采取的政策一直持续到战争结束。在法萨卢斯（Pharsalus）惨败后，凯撒命令幸存者从退守的山顶上下来，让手下人照看好他们，不准加以伤害或抢掠财物（《内战记》卷三 98）。当时以及后来，凯撒对庞培的重要人物都进行了赦免：法萨卢斯战役后赦免了布鲁图斯（Marcus Brutus）和卡西乌斯（Gaius Cassius）；塔普苏斯（Thapsus）战役后赦免了卢基乌斯（Lucius Caesar）和卡图（Marcus Cato）的儿子；凯基那（Aulus Caecina）不仅与凯撒作战，还写了一本书攻击凯撒，但凯撒还是饶了他的性命但不允许他返回意大利（《阿非利加战记》89；苏维埃托尼乌斯，《凯撒传》lxxv）。

迪奥（xliii, 15-18）记录了凯撒返回罗马后对元老院所做的一个长篇演讲，让元老们相信他会温和地利用他的胜利。演讲的措辞无疑是迪奥自己的，但演讲阐明的原则与普鲁塔克的记述相一致（《凯撒传》，lvii, 3）。普鲁塔克说，凯撒在内战后的行事方式无可指责，因此投票建立仁慈神庙也并非全无道理。凯撒所建立的宽容氛围在马提乌斯（Matius）的坚决拥护中也有所体现："他从没有阻碍我与那些性情相投的人交往，即便有时他不喜欢那些人"（Ad Fam. xi, 28, 7）。

我们从西塞罗的通信和演讲中可以了解庞培一派的许多人后来的命运。西塞罗本人得到允许返回意大利并收回了财产（普鲁塔克，《西塞罗传》，xxxix）；在西塞罗的请求下，里加西乌斯（Ligarius）也获得了同样的待遇（西塞罗，Pro Ligario 和 Ad Fam. vi 13f）；马凯卢斯（Marcus Marcellus）得到宽恕，但没能活着回到故土（西塞

---

① 比较 Holmes，《罗马共和国》卷三，页 74。

罗，Pro Marcello 和 Ad Fam. iv 4, 3, 7 – 12）；尽管西塞罗对之抱以希望，凯基那未能重返意大利（Ad Fam. vi 5 – 8）；普鲁塔克告诉我们凯撒授予布鲁图斯和卡西乌斯官职，他和苏维埃托尼乌斯都提到了凯撒追思庞培时给予对手的荣耀（普鲁塔克，《凯撒传》lvii；苏维埃托尼乌斯，《凯撒传》lxxv）。

在这十几年的记述中浮现出的景象是对凯撒连贯的描述。当需要两军对垒时，他会战斗至死；在惩处背叛和骚乱时他残酷无情；在可能的情况下，他又倾向于不流血地达到目标，对被征服的敌人表现得宽宏大量。在对付敌人时，他的策略是一定的：凯撒肯定意识到一个和解的行省要比一个居民受到严重伤害的行省能提供多得多的支持；凯撒致奥皮乌斯的信暗示他想要把仁慈作为一种保存权力的手段。不过，凯撒既照顾自己的需要，也满足他人的需要。在对待行省人和同胞时，凯撒在促进自己利益的同时也维护着他们的最终利益。这就需要一种机敏和广阔的视野，在历史长河中只有极少数人能具备这种禀赋。

内战结束后，凯撒的同胞似乎不再怀疑他的宽宏大量是源于天性。西塞罗给凯基那写信说，"凯撒的性格就是这样：天性平和仁慈"（Ad Fam. vi, 6, 8）。卡西乌斯（Cassius）从西班牙（庞培的长子在那里起兵反抗凯撒）来信说，他宁愿原来仁慈的统帅变成残酷的主子（Ad Fam. xv, 19, 4）。

说"原来仁慈的统帅"的卡西乌斯很可能就是最先设计谋害他的人。[①] 凯撒饶其性命归还其财产的那些人，没过多久就手持匕首将他团团围住，这发生在灾难性的三月十五日。屋大维、安东尼和雷必达（Lepidus）从凯撒的死中得出一个教训："野心应由更为坚硬的材料构成"。三人掌权后的第一个行动就是宣布凯撒

---

① 比较普鲁塔克，《布鲁图斯传》，viii – x；阿庇安，《内战记》，ii, 113；R. Y. Tyrrell，*The Correspondence of Cicero*：Dublin, Hodges, Figgis and Co.（1886 – 1904），V，引言，页 xxix；Holmes，《罗马共和国》卷三，339，注5。

的命运是其过分仁慈的结果,声称他们要推行残酷无情的政策(阿庇安,《内战记》iv,8-11)。那一刻似乎就像是把凯撒所坚守的最美好原则全盘推翻。多年以后,和平降临罗马世界,内战的血腥成了"不快而又久远的往事",奥古斯都的一位宫廷诗人唱出了君王终归要信服的道理(贺拉斯,《颂歌》iii,4,65-67):

  粗暴的力量必因其自重而坠落;
  有智慧相伴的雄师
  则由众神所借予。

凯撒与撒旦

布利塞特(William Blissett)

我近期发表了"卢坎的凯撒和伊丽莎白时期的恶棍"①,旨在分析卢坎在《法萨利亚》(Pharsalia,又译《内战纪》)中对凯撒的构思方式。卢坎用尽修辞手段将这个人物夸张成一个比真实凯撒更为恶劣的魔鬼,急躁、不虔敬、暴虐、野心勃勃。卢坎的凯撒经过漫长的中世纪后进入到英语文学中,尤其是伊丽莎白戏剧。有关罗马题材或以内战为主题的戏剧往往受到卢坎的影响,但在伊丽莎白时代的戏剧家中,要数马洛(Marlowe)受《法萨利亚》的影响最为深远。马洛翻译了《法萨利亚》第一卷,几乎所有马洛笔下的英雄人物都有鲜明的卢坎凯撒主义色彩。马洛对后世戏剧的影响从某种程度上说也是卢坎的影响。琼森(Ben Jonson)比马洛晚一辈,他的两部罗马悲剧《喀提林》(*Catiline*)和《塞扬努斯》(*Sejanus*)都有鲜明的卢坎痕迹,展现出马洛在凯撒身上发现并加以模仿的英雄能量。道德堕落和对毁灭的快感在帖木耳(Tamburlaine)、莫蒂默(Mortimer)和吉斯公爵(the Guise)身上没有体现,到《马耳他的犹太人》(*The Jew of Malta*)中则成

---

① Lucan's Caesar and the Elizabethan Villain,《语言学研究》(*Studies in Philology*), 53, 1956, 页553 – 575。[译按] 本文选自《思想史杂志》(*Journal of the History of Ideas*), Vol. 18, No. 2, Apr., 1957, 页221 –232。

了一个普通人的品性。在琼森笔下，凯撒式的恶棍开始成为撒旦式的角色。本文关注的将是凯撒（特别是卢坎的凯撒）与撒旦（尤其是弥尔顿的撒旦）各种文学形象的相似性。

一

要分析凯撒与撒旦的关系，我们必须先把卢坎和弥尔顿的文学作品向后推一下。尽管谜一般难以捉摸，尽管让人不是马上着迷就是立刻心生厌恶，历史上的凯撒与撒旦并不非常像。首先，凯撒的散文风格过于朴实无华。凯撒的同代人，哪怕是最讨厌他的人在描述凯撒时所表现出的不安也远不是撒旦式的，在撒旦身上，邪恶没有潜伏而是裸露着的。普鲁塔克曾这样写道：

> 无论如何，人们认为有个人首先看到了凯撒公共政策背后的东西并深感惶恐，就好像海面虽风和日丽但仍然令人敬畏一样。他感受到了凯撒友善热情的外表下面所隐藏的强大力量。此人即是西塞罗，他觉得凯撒的大部分规划和事业都有一个僭越的目标。西塞罗说，"另一方面，凯撒的头发梳得纤丝不乱，我看到他用一个手指搔头时完全无法想象这样一个人会酝酿着如此一桩滔天罪行——颠覆罗马宪政"。①

凯撒的不虔敬确凿无疑：史学家就此与卢坎意见一致。② 凯撒不仅反抗庞培和元老院，还蔑视罗马人的虔敬（pietas）：他将自己和自己的事业凌驾于共和国的事业和诸神之上。

---

① 《普鲁塔克名人传》(*Plutarch's Lives*)，B. Perrin 编译，Loeb Classical Library，1919，VII，499–451。

② 《苏维埃托尼乌斯》 (*Suetonius*)，J. C. Rolfe 编译，Loeb Classical Library，1935，I，81："对宗教置若罔闻使凯撒无法再推行任何事业，或者说延迟了他的行动。"

当从基督教的视角来看时，凯撒会浮现出另一副面孔。当提到奥古斯都和提庇留时，"凯撒"在铭文和生平中是一个集体名词，朱利乌斯·凯撒作为这一路线的创始人仍是原型。凯撒的起点与基督相对，与"此世君主"（Prince of this World）有着某种联系。弥尔顿在《复乐园》中可能就想说明这种联系，当撒旦谈到地上所有的王国时说：

> 这光荣是一种奖赏，能激起高度的努力，
> 剥夺您这杰出的精神所焕发的火焰，
> 您这修炼得最精粹微妙的气质呢？

并在诗中的高潮列出了此类精神：

> 凯撒大将是当今全世界人的钦羡，
> 他年纪愈大，争取荣誉的欲火也愈炽，
> 他曾伤心痛哭，说他自己一生未得荣誉。①

（接上页）西塞罗，《论责任》（*De Officiis*），3.82，提到凯撒时经常重复欧里庇得斯的诗行：

> 因为如果人必须做不正的事，那么为了王权而
> 做不正的事是最好的，其他的事才要尊重神意。
> （[译按]《腓尼基妇女》，周作人译文，中国对外翻译出版公司，页1413）

关于卢坎的相关段落，请见我早期的文章。

① *Paradise Regain'd*, III, 25-28, 39-42. [译按] 朱维之译文，上海译文版，1981，页56-57。

简单地将凯撒等同于敌基督是错误的①，这样做是把原型等同于类型，否认了尘世力量的合法性，我们有义务把属于凯撒的还给凯撒。一个复杂的问题就出现了：在基督教时代演化出的王权观念中，每个凯撒都有位置，唯独真正的凯撒没有。君主与僭主的区别在于：君主通过世袭权利或自由选举执政，依靠法律治理，而僭主通过个人权力非法攫取王位并进行统治。这必然会让凯撒置身于僭主之列。在文人中，皇帝的拥护者占少数②：但丁把布鲁图斯和卡西乌斯打入地狱最底层，这令大部分读者感到错愕。③ 在英国作家中，埃利奥特爵士（Thomas Elyot）常常把凯撒称为"第一位皇帝，德性的高贵典范"；④ 对埃利奥特来说，接下来的成就使最初对权力的攫取合法化。作为坚定的保皇派，锡德尼爵士（Philip Sidney）则不这么认为，他宣称"我们难道没有看到高尚的卡图被迫自杀，而造反者凯撒如此高深莫测，以至于一千六百年后他的名字仍享有最高的荣耀？"⑤ 博丹（Jean Bodin）是我们所能发现的政治性最强的一位作家。关于凯撒，他写道，"拿起武器反对自己的国家，没有人能干得出这样的正义事业"，还说"凯撒认为，为了胜利和统治，犯罪也情有可原"。⑥

---

① 尽管承认世俗政权的神圣体制，德尔图良仍说"凯撒的王权是魔鬼的王权"（Regnum Caesaris Regnum diaboli）。见 Charles Cochrane,《基督教与古典文化》（*Christianity and Classical Culture*, Oxford, 1940), 113, 213 和第 4 章。

② J. A. K. Thompson,《莎士比亚与古典》（*Shakespeare and the Classics*, London, 1952), 页 95: "同罗马人一样，中世纪和文艺复兴时期的人们在凯撒遇刺的问题上意见对立，罗马哲人和作者大多为刺杀凯撒辩护或者不反对，而帝制政府很自然地予以谴责。"

③ 《地狱》（Inferno), 34 章。

④ 《统治者》（*The Boke Named the Governour*, Everyman, 1937), 页 100, 105, 133 - 134, 138。

⑤ 《为诗一辩》（*An Apology for Poetry*), G. G. Smith 编,《伊丽莎白时代批评文选》（*Elizabethan Critical Essays*, Oxford, 1904), I, 170。

⑥ 《轻松理解历史的方法》（*Method for the Easy Comprehension of History*), Beatrice Reynolds 翻译, Columbia University Press, 1945 页 49 - 50。

如果凯撒在保皇派作家笔下的外表都如此邪恶，我们对共和派作家还能抱什么样的期望呢？是马基雅维里为凯撒设定的基调。不过，当然不是像《马尔他的犹太人》导言中那个凶恶的马基雅维里所说：

> 许多人谈论王冠的名分：
> 凯撒有何权利作君主？
> 如果最初这样做是对的，
> 那么法律无疑像德拉古（Drado）的那样
> 用鲜血写成。①

不是写《君主论》（献给凯撒·贝尔贾，凯撒的同名者和模仿者）的马基雅维里，而是写《论李维》（这本书对十七世纪的政治思想产生的影响最大）的马基雅维里。② 马基雅维里指责凯撒做了喀提林没有做成的事，毁灭了共和国。③ 哈林顿（James Harrington）称赞马基雅维里是"唯一寻回古代审慎的人"④，赞同他对凯撒的看法。对马基雅维里来说，罗马政制有两个时期：

第一个阶段随着罗马自由的终结而告终。这一过程也可

---

① 《马尔他的犹太人》（*The Jew of Malta*），H. S. Bennett 编辑，London，1931，导言，页 18–22。

② 《古典共和派》（*The Classical Republicans*），Zera S. Fink，Northwestern University Press，1945。

③ 《马基雅维里》（*Machiavelli*），J. H. Whitfiel，Oxford，1947，页 129——关于《论李维》，III, vi; I, x。Leonardo Bruni 赞同说"当名叫凯撒的人像灾难一样堕入城市中时，罗马政制（imperium）就开始走向毁灭"。这句话被 Wallace Ferguson 在《历史思想的复兴》中引用（*The Renaissance in Historical Thought*，Cambridge, Mass., 1948，页 10）。

④ 《大洋国》（*The Commonwealth of Oceana*），Henry Morley 编辑，London，1887，页 36。

以称为古代经纶之道的过程或帝国。这种经纶之道首先是由上帝在创立以色列共和国时亲自启示给人类的,后来人们从上帝在自然界的足迹中体察出来。希腊人和罗马人一致遵从了这种作法。另一个阶段是从凯撒的武功开始的。这种武功窒杀了自由,是古代经纶之道变成近代经纶之道的过渡时期。①

哈林顿又提到"罗马帝国历代皇帝受人唾骂的统治都以凯撒的武功(可庆幸的罪,felix scelus)为嚆矢"(前揭,页48,中译页46)。西德尼(Algernon Sydney)与之看法相同。② 这就是弥尔顿时代共和派主要思想家的观点。对那些在宗教原则上持共和派意见的人来说:如果地球上的新耶路撒冷是一个共和国,它的敌人就是凯撒-敌基督。

马维尔(Andrew Marvell)在"克伦威尔自爱尔兰归来颂诗"(Horatian Ode upon Cromwell's Return from Ireland)中就此提出一个含混的建议:

> 精力充沛的克伦威尔无法止步于
> 毫无光彩的和平技艺,
> 他通过大胆的战争
> 催促着活跃的星宿。
> 宛若三齿叉的闪电,先是
> 劈开了孕育它的云层,
> 然后一路上用火焰为自己冲锋。③

---

① 前揭,页15。[译按]何新译文,商务版,1981,页6。
② Fink,前揭,页158,提到西德尼的作品,Robertson 编辑,1772,II,xvii,143;xxiv,198-199;xii,121ff。
③ 《马维尔诗集》(Poems of Andrew Marvell),Margoliouth 编辑,87,行9-16。

马戈柳斯（Margoliouth）引用了 T. L. S. 的一封信与《法萨利亚》i , 144ff 进行比较并评论说：

> 马维尔的脑子里可能既想着拉丁文（比较 successus urgere suos 和 Urg'd his active Star）又想着梅（Tom May, 第二版，1631）的翻译：

> 但无休无止的勇猛，在战争中
> 不成为征服者会是一种耻辱；残忍不受丝毫节制，
> 随时准备战斗，希望或怒火召唤着
> 他冲锋的利剑；对胜利充满信心，
> 诸神的青睐使他勇敢无畏：
> 他的雄心是推翻一切，
> 对毁灭的爱支撑着他的道路；
> 风将闪电从云层中送出
> 震耳的雷声劈开了受伤的空气，
> 青天乱作一团，人们惶恐不安，
> 曲曲弯弯的闪电让人头晕目眩，
> 朱庇特自己的神殿也没有这样的光艳；
> 任何力量、任何障碍都无法阻挡他强大的事业，
> 突围或撤退，刀兵过处一片荒芜，
> 战争在汇聚他那分散的烈火……

> 注意动词的相似性：restless valour 和 Industrious Valour，以及 forward Sword 和 The Forward Youth，还有 lightning…from a cloude Breakes 和 Lightning…Breaking the Clouds。我认为 Active Star 一词源自梅译文同一卷中另一段两个词的相邻关系，不过有些拿不准（《法萨利亚》, I , 229 – 232）：

> ……活跃的将军
> 比安息人投射的长矛或石头还要迅猛
> 从巴利阿利（Balearick Slinger）冲向
> 阿里密浓（Ariminum）；当太阳来临时，
> 星辰四处奔逃，只有金星还在……

凯撒起得早，当晨星仍挂在天穹中时军队就开拔：克伦威尔催促着他"活跃的星宿"（《马维尔诗集》，页237）。

说克伦威尔的这颗星就是金星，我比马戈柳斯更拿不准。随着诗行的推进，文学传统的力量的确强迫把查理王说成是"凯撒"，但从性格和历史作用来讲，克伦威尔更接近卢坎作品中的人物：正是克伦威尔，曾为内战的反叛领袖，现在通过个性和武力进行统治；是克伦威尔让自己的私人花园"火光冲天"，"毁灭了这座时代的伟大作品"（《马维尔诗集》，87–88，行17–36）。

二

我认为，伊丽莎白时代的恶棍某种程度上衍生于卢坎的凯撒。我们现必须确定这个人物在多大程度上可以解释为撒旦式的。贡多尔夫（Friedrich Gundolf）谈及卢坎时提到了两者的联系：

> 最初，凯撒对他来说并非理想的反面，并非他想要严厉批评的对象，不像马洛的帖木儿、莎士比亚的理查和弥尔顿的撒旦——是阴森森的庞然大物、诱人的巨兽而不是仇恨的面具。①

---

① F. Gundolf,《凯撒的历史及其声誉》（*Caesar Geschichte seine Ruhms*），Berlin, 1925, 页34。

在马洛的主要人物身上,他们的英雄能量都缺少这种撒旦品性;尽管麦克白毁灭世界的形象与《法萨利亚》中威胁世界毁灭世界的凯撒主义并不相像,但是理查三世和麦克白都通过马洛受到卢坎的影响,他们具有凯撒的能力(virtu),还要加上最阴险的恶毒。①

伊丽莎白时代最能展现卢坎对凯撒构想的戏剧就是查普曼的《凯撒与庞培》(Caesar and Pompey)。有充分的证据说明该剧对邪恶有一种阴暗的理解,对不义有一种神秘感,这正是卢坎通过呼语的手法想要达到的效果:

> 但黑夜的狂怒,复仇女神,
> 冥河的力量,或邪恶的神灵,
> 地狱的恶魔,凯撒,你是否抚慰了它们
> 以便为如此罪恶的战争做准备?
>
> (VII, 168ff, L8v)②

查普曼创造出一个角色,名叫弗龙托(Fronto),这个衣衫褴褛的恶棍因罪而自杀,被奥菲奥尼乌斯(Ophioneus)救起。弗龙托"是蛇形的魔鬼,与天堂开战的反叛精灵的头子"。③ 查普曼创造这个角色的动机并不明显,也没有充分利用这个人物。我们感兴趣的是两场内战(凯撒的与撒旦的)之间清楚存在的联系。

在我们正锻造的关系链中,另外一环是由琼森的《喀提林》提供的。凯撒在结束魔鬼咨询演讲时说:

---

① 《麦克白》(Macbeth),II, iii, 60, 108-109; IV, i, 58-60; IV, iii, 107-109; V, v, 49-50。

② 全文引用的《法萨利亚》皆为梅译本1635年第三版,行号为勒布版所加。

③ 《查普曼诗歌戏剧集·悲剧卷》(The Plays and Poems of George Chapman: The Tragedies), T. M. Parrott 编辑, London, 1910, II, i, 页60。

> 来吧，还没有什么伟大的事情
> 令人激动渴望，除了暴力和欺诈：
> （由于良心上的愚蠢）他坚持不懈
> 为了实现它——

喀提林补全了诗行：就成了善良的宗教傻子！凯撒立即做出答复，将他陪伴长翅膀的地狱魔鬼与犹大相提并论：

> 虚伪的奴隶将会像畜牲一样死去。
> 晚安。你知道克拉苏怎么想的，而我
> 则认为：准备好你的翅膀，帆越大越好
> 穿越天空，身后不留下丝毫痕迹。
> 蟒蛇，一旦变为巨龙，
> 就开始吃蝙蝠：你要成为执政官就必须如此，
> 小心点。要做就赶紧做，塞基阿斯。
> 不要因我而心烦意乱。①

随着剧情的发展，喀提林显露出对毁灭的强烈渴望：

> 我会摸到顶轴，那里有销钉
> 固定着整个骨架；我会把它们拔出来，
> 凭着自己让一切陷入混乱。
>
> （《喀提林》，III，175－177）

与撒旦的平行继续推进，喀提林为了取悦元老院"奋力向前"（《喀提林》，IV，504）。同撒旦一样，喀提林的毁灭也不简单，

---

① 《琼森》(Ben Jonson)，C. H. Herford 和 P. 及 E. Simpson 编辑，Oxford，1947，V，Catiline，III，515－526。

因为他吹嘘自己的火葬柴堆将会置于

> 所有人的，而非我自己的熊熊火焰中，
> 我将与一切，而非独自坠落。
>
> （《喀提林》，IV, 510 – 511）

一旦揭竿反叛，喀提林就对跟随者发表讲话：

> 好的，现在我们
> 没有时间回话，或坐以待毙。
>
> （《喀提林》，IV, 541 – 542）

其中有一个短语，如果说不是直接来自卢坎，也可能间接源于弥尔顿，"他们不知道，他们的勇气是什么样的一桩罪恶"（《喀提林》，V, 659；比较《法萨利亚》，VI, 147 – 148）。

喀提林的角色可以平移到《失乐园》中，因为卢坎本人把喀提林描述为一个地狱的主人，在冥府等待凯撒的光临：

> 残忍的喀提林，严厉的马略，还有那野蛮的
> 伽太基人，打破了幸福的链条：
> 颁布了受人欢迎的法律的德鲁兹（Drusi），
> 胆大妄为的格拉古拍着手叫嚷，
> 却被前所未有的粗铁条缚于
> 冥王普鲁托的地牢里；不虔敬的鬼魂曾希望
> 实现神赐的功业；普鲁托苍白的地牢打开，
> 准备好坚硬的石头和金刚链条
> 只等一声令下便惩罚骄傲的征服者。
>
> （VI, 793 – 802, l4r.）

我们身处喧嚣之地，撒旦居于：

> 这个敢于向全能全力者
> 挑战的神魔迅速坠下，一直落到
> 无底的地狱深渊，被禁锢在
> 金刚不坏的镣铐和永不熄灭的刑火中。
> （《失乐园》，I，48–29；朱维之译文，上海译文出版社，1984）

当然在卢坎的诗中，凯撒的人马还不是地狱的主人，尽管他们主管沉默的领袖摆了一个姿势，与多年前撒旦在地狱中、多年后弥尔顿在史诗里所做所说的非常相似：

> 在一座绿草茵茵的山顶，
> 屹立着面无惧色的凯撒，
> 冷峻的脸庞寒气逼人。①
> 　　　　　（V，316ff，H5r.）

三

弥尔顿阅读过大量的古代和现代文学作品，这毋庸置疑。哥伦比亚版弥尔顿作品②的索引显示，在弥尔顿十部作品中有三十

---

① 《法萨利亚》中凯撒在演讲前的一个手势被弥尔顿用来描述成功返回地狱同伙之中的撒旦：

他用手势叫他们少安毋躁，
用这样的话引起大家注意。
　　　　　（《失乐园》，X，458）

② 《弥尔顿作品哥伦比亚版索引》（*An Index to the Columbia Edition of the Works of John Milton*），F. A. Paterson 和 F. R. Fogle 编辑，New York，1940。

余处提及凯撒,分别有几次提到普鲁塔克和苏维埃托尼乌斯,其中各有一次具体指他们的凯撒传记。有十四处提到卢坎。伊丽莎白时代卢坎派的文学人物则没有那么突出:基德(Kyd)和查普曼根本没有提及;直接提到马洛的作品只有《狄多》(*Dido*)、《浮士德》(*Faustus*)、《希洛与利安德尔》(*Hero and Leander*)。有十六处提到琼森,没有提及《塞扬努斯》和《喀提林》。从这里我们可以看出,卢坎对弥尔顿的影响更有可能是直接而非间接,尽管我认为弥尔顿不可能没读过马洛的全部作品,两位诗人有着如此相似的教育背景、性格(叛逆)和诗风。① 我们以后再分析弥尔顿与查普曼和琼森的相似之处,这些地方可能暗示着两人对弥尔顿的影响。

克拉克(D. L. Clark)教授对十七世纪学校做了详尽的介绍,重点是圣保罗学校的课程。他没有提到课程设置中有卢坎。② 英联邦的拉丁秘书经常提到卢坎,这足以表明弥尔顿知道《法萨利亚》原文。但这并不能排除通过英译进一步熟悉卢坎的可能性,因为剑桥人梅已经于1627年将《法萨利亚》译为英文。这个译本八年内修订了三版,曾献给查理一世。令人感兴趣的是琼森为第二版所写的评论性诗句,它们不仅是对译者的高度赞扬,而且也是对原诗的评论:

> 当我从你伟大的诗行中阅读罗马时,
> 看到人们攀爬的湿滑阶梯
> 旋转于卢坎推动的命运之轮,
> 还有其中的世界,我开始怀疑,

---

① T. S. Eliot, "导言",《塞涅卡的十部悲剧》(*Seneca his Tenne Tragedies*), London, 1927: "由马洛开创,弥尔顿完善,古典名称的音乐性几乎成了咒语。"

② D. L. Clark,《弥尔顿在圣保罗学校》(*John Milton at St. Paul's School*), New York, 1948。

每一行至少都有松弛的销钉，
即便说整架机器没有迸裂。
无论是从量，还是从度来说，
庞培的民意，凯撒的野心，卡图的自由，
布鲁图斯的镇定都开始放声高唱；但
在声域宽广的歌曲里始终匀称和谐。
让我着迷感叹的是，缪斯或和谐之神是如何
教会卢坎这些真正的曲调！我的感觉难道在说
除了执掌艺术和雄辩的神灵，还会有谁？
腓比斯和赫尔墨斯？他们的舌头和笔
仍是诸神与人之间的解释者！
但又是谁让他们给我们解释并带来
卢坎的整部作品，如此凝炼
多么细密的衔接，多么温柔的词语！
谁将这庞大的机器完全调动了起来？
这本身就同于天才！文字会说，
翻译之光或梅的太阳……①

  梅接下来的职业非常有趣。不知是否如年轻的保皇派马维尔所说②，由于没能在琼森死后被任命为桂冠诗人，还是像奥布雷（Aubrey）③ 解释的那样，因为研究卢坎而倾向于共和派，梅成为议会事业的斗士。1645 至 1646 年，梅和塞德勒（Thomas Sadler）受下院之托撰写宣言"向世界为议会的荣誉辩白"。1647 年，梅撰写《长年议会史》（History of the Long Parliament）。逝世的那

---

① 《琼森》，Herford 和 Simpson 编辑，VIII，页 395。
② 《梅的死亡》，《马维尔诗信集》（The Poems and Letters of Andrew Marvell），H. M. Margoliouth 编辑，Oxford，1927，I，页 90–92。
③ 《奥布雷生平简介》（Aubrey's Brief Lives），O. L. Dick 编辑，London，1949，页 197。

年,即1650年,他撰写了《历史概要》(Breviary of the History)。梅和弥尔顿的传记作家都没有提到两人认识,梅的所有记录都将他与议会派的自由思想和自由人士联系起来。我们必须承认,弥尔顿很有可能知道梅的历史作品①,但他同样很有可能知道梅的译文。风格问题很难确定,与其去驯服那些倔强的材料,我更乐于引用梅翻译的《法萨利亚》诗句,让两位诗人风格上的相似性自己说话。

但抛开弥尔顿与梅的联系不讲,卢坎本人就引起了弥尔顿很大的同情和兴趣。两人都是热心的共和派,都曾亲眼目睹建立一个公正联邦的希望被打得粉碎。青年的阳刚之气使年轻的卢坎受到弥尔顿的欢迎;他的早逝更令弥尔顿倾心。弥尔顿对卢坎非常熟悉,曾提及《法萨利亚》十卷中的七卷。②

四

《法萨利亚》和《失乐园》有一个平行对应关系需要进行详细的阐述:卢坎卷五中凯撒跨越亚得里亚海,而弥尔顿卷二中撒旦穿过混沌。卢坎与其他史学家看法相同(普鲁塔克,VII,535 - 537;苏维埃托尼乌斯,81),但用大量的笔墨描述凯撒在法萨利亚战

---

① 《弥尔顿的文学环境》(Milton's Literary Milieu),G. W. Whiting, University of North Carolina Press, 1939. 作者认为梅的《历史》对《偶像破坏者》(Eikonoklastes)有影响。A. G. Chester 在《托马斯·梅》(Thomas May, University of Pennsylvania Press, 1932)中没有谈梅与弥尔顿相识。比较 R. T. Bruère 在《古典语言学》上发表的两篇文章,1949,44, 145 - 163 和 1950, 45, 217 - 235。

② 《哥伦比亚索引》列出了《失乐园》中十段源于卢坎的诗行。本文将分析其中五段。其他的包括一个地名(II, 592 出自《法萨利亚》,VIII, 539)、一个部族(II, 943 出自 III, 280)、神秘的冥王(II, 964 出自 VI, 744,但两者之间经过了中世纪和文艺复兴的漫长发展),一个描述由于狂野的激情导致的死一样苍白的短语(X, 1007 出自 VII, 130),还有居于大地、海洋、天空和美好心灵中的神(XI, 337 出自 IX, 578)。

役前巡视军营。凯撒疯狂地想投入被迫拖延的战斗,坐着小船前往意大利安排增援事宜。凯撒当时的处境与撒旦被逐出天庭大致相似,撒旦那时也无法投入正面战斗。两种情形都需要采取牵制行动,都呼唤着一种骄傲大胆的个人英雄主义。卢坎所有的修辞力量、全部的才华都展现在这一段中,千百年来,它也备受人们的推崇:①

> 在一片沉寂中,凯撒蹑手蹑脚
> 随从毫无察觉;
> 撇下所有人,他独自
> 前行,与之相伴的只有命运:
> 走过警卫的庭院,他发现
> 所有人都已进入梦乡,内心里抱怨
> 看守如此松懈;但在水畔
> 他发现有条小船,缆索紧紧系在
> 岩石上:

艄公阿梅克拉斯(Amyclas)完全被描述成一个温和亲切的人,而在他的眼中,凯撒的欲望似乎格外疯狂邪恶。阿梅克拉斯被迫将这位将军运过亚得里亚海:

> 他解缆放船
> 出航扬帆,小舟一动
> 就有流星
> 划过漆黑的天宇,留下条长长的火线
> 甚至那些亘定不移的星辰

---

① 《欧洲文学和拉丁中世纪》(*European Literature and the Latin Middle Ages*),Ernst Robert Curtius, New York, 1953, 页60。

> 虽位于最高的天穹之上,似乎在或摇头或颔首。
> 海洋幽暗的面孔弥漫着惊恐,
> 数不清的巨浪
> 滚滚而来;波涛汹涌的海面
> 预示着风的设想。
> 艄公说,看到海洋掀起如此大
> 的危险:不知
> 强风会来自何处,东边还是西边;
> 小船的四面浪头层层;乌云和天空显示的
> 是南风的愤怒,海洋咕哝着的
> 是西北风;这样的风暴,
> 无处躲平安,我们难道要葬身于海难,
> 只剩下一个办法算保险,
> 孤注一掷地驭帆回航靠岸。
> 让危险的小船回到陆地,
> 趁着我们离希腊海岸还不算太远。

但凯撒坚持自己的意见,他的话普鲁塔克和苏维埃托尼乌斯都有记述(普鲁塔克,VII,535-537;苏维埃托尼乌斯,81),而卢坎则有自己的版本:"和你在一起的是最勇敢的凯撒和他的运气。"接下来的段落描述文学和历史中的一次大风暴,末尾是:

> 闪电匿迹循形;光亮变得模糊,
> 但仍在黑夜暴雨的天空中朦胧闪烁。
> 苍穹似乎都在颤抖;去除了铰链,
> 天柱由于恐惧都瑟瑟作响。
> 自然害怕这古老的混沌:
> 元素的和谐调配似乎尚未完工;
> 夜晚,加上轻飘的神灵

> 还有地狱，似乎又再次升起；
> 对于安全，他们的希望是
> 不会在这个毁灭的世界中消亡。
>
> （V, 508ff, H8r – 12v）

弥尔顿描述混沌的篇章太长无法引用，两者的对应在于普遍性的想象，而不是具体的手法。① 一个重要的事实是其他史诗，实际上是与《失乐园》类似的史诗，都没有描述过敌人像英雄一样单枪匹马地穿过混沌。② 在《法萨利亚》卷五的结尾是凯撒野心的两个直接受害者，庞培和科尼利娅（Cornelia）相互倾情的场景，而在撒旦穿过混沌时是尚未堕落的亚当和夏娃琴瑟和睦的画面，这进一步加强了这种对应关系。

我们注意到，弥尔顿的前辈查普曼提到过卢坎作品中的暴风雨一段，添加了独具特色的大火和硫磺，把自言自语的凯撒比作不敬上帝的猿猴：

> 愤怒的夜晚暴雨倾泻而下，
> 地狱挟裹在漆黑的乌云里，
> 混合着硫磺和可怕的霹雳
> 独眼巨人在朱诺的炮声里乱冲乱撞，
> 让人惊恐万分地把愤怒

---

① 《失乐园》，II，页890起。元素的冲突是个明显的相似点，弥尔顿取材于塞尔维斯特（Sylvester）翻译的都巴达斯（Du Bartas）作品。见 Watson Kirkconnell,《天空的循环》(*The Celestial Cycle*), University of Toronto Press, 1952, 页47–49。P. L., II, 938 提到了流沙（Syrtis），自然把它留给海洋与陆地进行争夺：《法萨利亚》，IX, 304。混沌在 P. L., II, 1009 中人格化，说"毁坏、腐败和灭亡都是我带来的好处"，让人想起 Erictho 的祈求"混沌渴望将无数毁灭的世界混合起来"（《法萨利亚》, VI, 695–697）。

② 在 Kirkconnell 详尽的收集中没有此类作品。

> 推上令人忌妒的海面，尽管凯撒在场。
> 啊，黑夜！你那最高贵者的让人眼红的
> 美丽和荣耀，诸神在黑夜里
> 把恐怖的混沌劈为四节，
> 怒气冲冲地要在此刻把他们全部淹死，这
> 是凯撒命运的必然。
> 我为价值搜遍了整个世界
> 以便在人心中建立诸神的形象
> 必须要像他们一样有权审察
> 整个天国万事万物中的最恶者，
> 贬斥它，戳穿它，冲破它；
> 直到经过所有的努力
> 王冠被安放；自然之手
> 在全部恶劣作品中想要达到的目标
> 在她的一部杰作中就全部实现了。
> 高位和国家由有德性的王者执掌；
> 没有生命因高高在上的荣耀
> 而在烟雾和羞耻中湮灭。①

基于前面引述的这些段落，弥尔顿似乎不可能不知道查普曼的《凯撒与庞培》。

五

在卢坎笔下，凯撒的撒旦品性一目了然：作者反复强调他接二连三地冒险，像恶魔一样暴躁，毫不犹豫地领导邪恶，赌徒的冲动，着迷于完全毁灭的想法；凯撒的迟疑、悔恨和宽宏大量都

---

① 《凯撒与庞培》(*Caesar and Pompey*), II, v, 1-24。

服务于更可怕的反抗与不悔改。在弥尔顿的作品里,撒旦的凯撒特点同样清楚明白。同凯撒一样,撒旦是宁静、习俗和传统正当的敌人,是僭主、苏丹,而不仅仅是国王:①

> 只是那天上的君王稳坐宝座,
> 依仗着旧名声、老习惯来维持,
> 虽然十足地显示帝王的威严,
> 但常自隐藏实力,引诱我们
> 逞雄一试,致使我们遭受沉沦。
> 　　　　　　　　(《失乐园》,I, 637 – 642)

撒旦的雄心也是凯撒式的:他升到

> 如此高度,更引起他的雄心壮志,
> 虽经对天交战而徒劳、败绩,
> 却不灰心,向大众披露傲慢的退想。
> 　　　　　　　　(《失乐园》,II, 7 – 10)

但罪行仍令撒旦内心不安,他像天使一样流下泪水,正如凯撒看到庞培的头颅哭泣一样(普鲁塔克,555 – 557)。但一经做出决定,皇帝们

> 以"不得已"的
> 暴君口实来开脱自己邪恶的行为。
> 　　　　　　　　(《失乐园》,VI, 393 – 394)

---

① 见 M. M. Ross,《弥尔顿的保皇思想》(*Milton's Royalism*), Cornell University Press, 1943。

凯撒要么不拿要么全得,他宁愿在小村子里当鸡头,也不想在罗马作做凤尾;撒旦说了相同的话,但更有气势:

> 在这儿,我至少是自由的,
> 那全能者营造地狱,总不至忌妒
> 地狱,决不会把我从这里赶走。
> 我们在这里可以稳坐江山,
> 我倒要在地狱里称王,大展宏图;
> 与其在天堂里做奴隶,
> 倒不如在地狱里称王。①

在《法萨利亚》卷九,卢坎罗列了各式各样的魔鬼,详细描述了它们的毒害。在卷十记叙阴间的魔鬼返回地狱时,弥尔顿间接提到了这段描述。② 在卢坎作品里,对恐怖最为集中的描述是埃里克托(Erictho)一段和前面引用的那段。埃里克托部分似乎与庞培有关,庞培的儿子通过恋尸仪式与女巫对话。后一部分与卡图有关,人们为他的鬼魂所困扰。但在这两种情况下,邪恶都与共和派对立,因而也就支持凯撒:凯撒像魔鬼一样可怕,像蛇一样恶毒;巫术只是为了预言他的成功,毒蛇怪支援凯撒的事业:

> 凯撒的同伙都是魔鬼(Dipsases),
> 内战的结束得到了长角毒蛇的帮助。
> 　　　　　　　　　　(IX, 850 – 851, R2v.)

---

① 《失乐园》,I, 258 – 263。比较普鲁塔克,469:"我宁可在这里当鸡头,也不在罗马作凤尾。"

② 《失乐园》,527,比较《法萨利亚》,IX, 700 – 783。还有饥饿的群鸟,P.L., X, 274,《法萨利亚》,VII, 831 – 837。

布莱克似乎对此已有所察觉：

> 所能知晓的最毒的毒药
> 来自凯撒的桂冠。①

---

① 《纯真的预言》(Auguries of Innocence)，页 98–99。

凯撒、凯撒主义与史家

亚韦茨（Zvi Yavetz）

1953 年，斯特拉斯伯格教授（Hermann Strassburger）说凯撒是个彻底孤立的独裁者，没有一位罗马元老支持他跨过卢比孔河的决定，这让一群德国教师瞠目结舌。① 教授并没有分析凯撒的意图、最终目标或他在历史上的作用。他引用布克哈特（Burckhardt）的话说，"就一项世界宏图轻率做出猜测只会导致错误，因为它出发于错误的前提"。

作为初入政坛的一位普普通通的罗马元老②（在这方面，没人能挑战斯特拉斯伯格的权威），凯撒在担任市政官期间很难谋划作君王。大部分现代史学家都反对苏维埃托尼乌斯的说法，"凯撒当了执政官后确立了他在任市政官时就心有所仪的专制统治"（《凯撒传》，IX, 2）。③ 这种看法太过简单，达不到史学水准。只有在凯

---

① H. Strassburger，《同代人对凯撒的评判》（Caesar im Urteil der Zeitgenossen, Historische Zeitschrift, 1953）。

② H. Strassburger，《凯撒在历史中的登场》（Caesars Eintritt in die Geschichte, Munich 1938）；比较，L. R. Taylor，《凯撒的崛起》（The Rise of Julius Caesar, Greece and Rome, 1957），《凯撒的早期生涯》（Caesar's Early Career, Classical Philology, 1941 和 1942）。[译按] 本文选自《现代史杂志》（Journal of Contemporary History），Vol. 6, No. 2, 1971, 页 184–201。

③ 比较 R. Syme，《罗马革命》（The Roman Revolution, Oxford, 1939, 47）。还有另外一种观点，见 J. Carcopino，《罗马帝国的诸阶段》（Les étapes de l'Impérialisme Romain, Paris, 1961, 页 118ff.）和《凯撒》（Jules César, Paris, 1968）。

撒征服高卢想要将自己的荣耀提高到与庞培相等时，他才决定进行抗争。凯撒完全知道自己在做什么。他也向朋友坦陈（其中包括史学家波利奥［Asinius Pollio］）："朋友们，如果不渡河的话，我会遭遇多种的灾难；如果渡河的话，整个人类将灾祸连连"（普鲁塔克，《凯撒传》，32；阿庇安，《内战记》，II，XXXV，i40）。凯撒的这一预测并未赢得朋友们的支持。皮索（L. Calpurnius Piso，凯撒的岳父）、多拉培拉（P. Cornelius Dolabella）、库里奥（C. Scribonius Curio）、鲁福斯（S. Sulpicius Rufus）和泰斯塔（C. Trebonius Testa）不赞成跨过卢比孔，这并不奇怪。让人吃惊的是，凯撒最为坚定的支持者同样也有所保留，包括奥皮乌斯、巴尔布斯和马蒂乌斯（Matius）。对斯特拉斯伯格来说，这一点至关重要。凯撒的拥趸们从没有全心全意地支持过他。公元前49年，凯撒并未处心积虑地推行专制，也不想削弱共和体制用帝制（Neuordnung des Reiches）取而代之。意大利的安宁、各行省的和平以及帝国的安全（凯撒，《内战记》卷三，57，4），这些都被斯特拉斯伯格斥为空洞的口号。这些话并非走过场。凯撒建议与元老院进行合作，实际上劝诫元老们要承担起国家的责任，在他的帮助下管理国家（前揭，卷一，XXXII，7）。①

评判凯撒时，斯特拉斯伯格回想起阿喀琉斯或科里奥拉诺斯（Coriolanus）。凯撒并不是奥古斯都、图拉真或哈德良的先行者，而是最后一位旧式贵族。凯撒日益受到孤立，他是民众和士兵的偶像，最亲密的朋友和合作者却把他斥为僭主。他们想做的就是除掉一个遭人憎恨的独裁者。事实上，没有人为凯撒被谋杀感到伤心。

---

① 值得注意的是，斯特拉斯伯格没有引凯撒建议的后半句，卷一，XXXII，8："他们如果由于害怕，想要回避，他也不愿使他们增加负担，尽可由他一个人来管理国家大事。"这一合作邀请相当险恶，对人不那么具有吸引力。比较 J. H. Collins，《凯撒与权力的腐败》（*Caesar and the Corruption of Power*，Historia，1955，445）。

德国的这些老师们一个个呆若木鸡，认为斯特拉斯伯格毁了他们心目中的伟大英雄。甚至有人怀疑是否应该继续在学校里教授凯撒的作品。同样声名显赫的学者格尔策（Matthias Gelzer）应邀参加另一次会议。他让老师们放心，凯撒是位伟大的政治家。（在其经典著作的各个版本中，他都是这样主张的）格尔策恰当地称赞了斯特拉斯伯格的文章，说其才华横溢，承认同代人可能不喜欢凯撒，但坚持认为不应仅仅凭此把凯撒贬为罗马的寻常政客。对抗并战胜长期建立起来的寡头统治本身就是一个政治家的举动。与仓促阴郁（festina lente）的奥古斯都相比，凯撒是位伟大的即兴创作者。在最后的岁月，凯撒的行为像君主，但这并不是其功绩中最为突出的方面。凯撒有一个规划。意大利的安宁、各行省的和平以及帝国的安全并非仅仅是口号。"我认为这样一个宏图，人们只能寄希望于罗马的政治家们来完成。"凯撒的立法大部分都保留了下来，它们就是凯撒有政治家天资的明证。①

格尔策可能成功地平息了德国教育界当时的骚动。不过，那些尚未取消拉丁语学习的高中即便继续毫无保留地教授《高卢战记》，有关凯撒的争论也并没有终止，也绝不会终止。②

格尔策的《凯撒》第六版要比前面几版对凯撒的最终目标更

---

① M. Gelzer,《有关凯撒的研究方法》(*Caesar*, *Wege der Forschung*, Darmstadt, 1967, 436);《作为政治家的凯撒》(*War Caesar ein Staatsmann?*, Historische Zeitschrift, 1954);《简记》(*Kleine Schriften*, Wiesbaden, 1963, II, 286, 301);《凯撒：政客与政治家》(*Caesar der Politiker und Staatsmann*, Wiesbaden, 1960)。

② A. Heuss,《寻不到尽头的凯撒研究》"*Die Diskussion über Caesar wird nie ein Ende Nehmen*", Historische Zeitschrift, 1956, 28。

持怀疑态度。① 英语学界可能对斯特拉斯伯格和格尔策都有影响，我们要牢记一个事实，经历过希特勒时代、亲身体味过专制滋味的史学家无法毫无条件地称道一个人的统治。② 西塞罗在凯撒死后的评语太过恶毒让人很难相信是事实，即便他的话可以略过不计，我们却不能忽略普林尼的一段话，它很少被人引用。普林尼称道凯撒思想活跃、性情温厚、有军事天赋，但除了征服同胞外，他还告诉我们，凯撒在战斗中杀死了 119 万 2 千人。凯撒则不愿公布内战的伤亡人数。③

格尔策试图涵盖凯撒生平的方方面面，不做任何夸张，审慎对待凯撒的主题。泽尔（O. Seel）对这部作品进行了批评，理由是其没有充分构建起凯撒的伟大。他指出，格尔策二十年前的作品并没有那么小心翼翼。④

时光一去不返，蒙森（T. Mommsen）曾认为："我们对凯撒的理解可因见识的深浅而不同，但严格来讲，不能有根本的分歧。"⑤ 西塞罗在公元前 46 年对此更为清楚，他说"那些尚未来

---

① Gelzer, *Caesar*, 305–306："凯撒没有公布任何计划；作为彻头彻尾的实干家，他能意识到各种形势下的问题，并以坚定的意志着手把握它们。史料让我们能看清单个情形，但没有什么东西使人弄明白凯撒最深层的想法。我们可以宣称，最后当上终身独裁官遂了凯撒的愿望，不过仍然模糊不清的是，他什么时候决定采取这种君主统治（principatus）的形式。元老院铺天盖地地签发了大量法令，授予凯撒巨大的权力，但我们不可能确定这多大程度上是凯撒的授意。我们必须警惕不要把各种没有权威性的行为、计划和动机都归到他的头上。"还见格尔策的讲稿"Caesars weltgeschichtliche Leistung", Vorträge und Schriften。

② 格尔策在纳粹统治期间保持了自己的学术尊严。只有在这次演讲中，我们才对所存在的困难稍稍了解。他将凯撒与弗里德里希大帝、拿破仑、克伦威尔、黎塞留、俾斯麦，"更不提那些在世的人"。讽刺还是回避？

③ 西塞罗，*De Officiis*, II, 84："他做坏事的激情如此之强，以至于每个不道德的行为对凯撒来说都是一种乐趣，即便没有任何动机。"普林尼，《自然史》，VII, 91–3。

④ O. Seel,《通向伟大的问题》(*Zur Problematik der Grösse*, Caesar Studien, Stuttgart, 1967)。

⑤ T. Mommsen,《罗马史》(*Römishce Geschichte*), III, 467。

到这个世上的人会产生严重的分歧，正如我们中间所产生的那样"（西塞罗，Pro Marcello, 29）。事实的确如此。凯撒让欧洲人着迷了二百年，"凯撒神话"逐渐形成。把"心中有两种灵魂"（Zwei Seelen in seiner Brust）作为对凯撒的描述是不全面的。他不是两面，而是多面。肖像式的研究也能反映出这种复杂性。凯撒展现出的面孔千差万别，"大度、傲慢、轻蔑、自省、审慎、勇敢、紧张、灵动、雅致、运气好、有教养、幽默、多情、残忍、忧郁、欢快、仁慈、节制、温和"。① 最后，主义（ism）加到了凯撒的名字上。因此，在研究凯撒其人之前，我们先要明确一下凯撒主义（Caesarism）。

十九世纪的史学家和政治学者要比十二世纪的人更为频繁地使用凯撒主义一词。罗舍尔（W. Roscher）就是个范例。② 像之前的众多政治思想家一样，罗舍尔知道民主可能会衰变为军事专制。人们不会轻易忘记两世拿破仑。凯撒主义常常与拿破仑主义作为同义词使用。人们不禁会想，如果在一战后写他的书，罗舍尔会用什么词。可能是法西斯主义？令他印象深刻的不是元首个人的性格，而是他对社会群体和阶层的态度。做出的所有承诺相互冲突，而只有元首的天资才会使之保有一种连贯的举措。理性的手段无法调和彼此矛盾的问题，只有对元首超人品质的盲目信仰才会做到这一点。

拿破仑一世对新贵族说，"我保证要进行革命。这一中间阶层在任何时候任何地方都可以说具有突出的民主性"；对大地主说，"革命将支持王权"；对君主立宪的支持者们说，"革命绝对不容侵犯，因为它已成为国家权力"；对雅各宾派说，"你们放

---

① R. Herbig,《关于凯撒形象的新研究》(Neue Studien zur Ikonographie des Julius Caesar, Kölner Fahrbücher fürVor – und Frühgeschichte, 1959, 7)。
② W. Roscher,《政治：君主制、贵族制与民主制的自然科学史》(Politik: Geschichtliche Naturlehre der Monarchie, Aristokratie und Demokratie, Stuttgart, 1893, 588)。

心，旧贵族已经消灭殆尽"；对旧贵族说，"你们将成为新贵族，恢复原来的生活"。①

写拿破仑一世时，罗舍尔脑子里肯定想着拿破仑三世。拿破仑三世难道没有在宣布"帝国的和平"后几个月就投入毫无用处的克里米亚战争（Crimean War）？难道没有同时承诺支持意大利民族主义者和教皇，最终又令双方都失望？难道没有承诺要进行自由贸易、征服保护关税？

凯撒的命运与这又有多大差别呢？难道他没有把自己与众多的顾问密切联系在一起，以便取悦于形形色色的支持者？（西塞罗，《致友人信笺》，IX，17，2）凯撒强大的对手庞培则没有那么聪明。西塞罗在评论庞培的一次演讲时说："穷人不欣赏，民主派认为毫无意义，富人不高兴，权贵不满意"（《致阿提库斯信笺》，I，14）。凯撒可能做到了让人人都满意，至少在短时间内如此。正是这才让一些政治学家认为凯撒是现代凯撒主义之父。②

步调一致（Gleischaltung）是独裁者的理想和目标，或者用特赖奇克（Treitschke）的话说，"所有人遭受同等的奴役，享受同等的自由"。奴隶统治他们的主子，自由人统治他们的贵族。上等阶层受到严格的控制，用节目和马戏来取悦普通百姓。"你们把闲暇用于看节目和马戏团里的动物，我则劳心于国家的需要，尽情地享乐吧"，这是可归为一位皇帝的话（S. H. A Firmus，5）。③ 在一封据说是撒路斯特所写的信中，他说免费分配谷物和慷慨败坏了民众，他们有自己的职业，本可以不对共和国造成

---

① 《雷米萨夫人回忆录》(*Mémoires de Mme de Remusat*，III，349）。

② 在这一背景下，西塞罗的其他两段话也值得注意。《致友人书笺》(*Letters to His Friends*，XII，xviii，2）："对于内战的诸多问题，有一点是不变的，即不仅要满足胜利者的愿望，还要迎合在战争中帮助过胜利方的那些人。"前揭，IV，ix，3："由于帮助过他的人毫无常性可言，胜利者要被迫做很多违背意愿的事情。"

③ 关于 S. H. A 的价值，罗舍尔显然在 1895 年没有注意到 Dessau 于 1889 年和 1892 年在 Hermes 上发表的划时代的文章。

危害。

　　凯撒主义就是：一种看上去是合法的君主制但实际上是以武力为基础的政治体制。古代的体制不变，行政长官的名称照旧，现实被精心构筑的法律假象小心翼翼地遮掩起来。由于体制的基础包含相互冲突的群体，元首的作用必然会增强，因为只有他才努力使所有人高兴。塔西佗对此做了巧妙的表述："（奥古斯都）先用赏钱安慰军队，用更便宜的玉米讨好民众，然后用怡人的和平取悦世界"（《编年史》卷一，2）。不过，塔西佗并未理解凯撒主义的概念。这是一个新词，首次使用是 1850 年在法国，作者是坚定的波拿巴主义支持者罗米厄（Francois Auguste Romieu, Ere des Césars）。布克哈特并不认为这种用法有什么错，觉得凯撒主义是"某种具体现象的准确描述"。①

　　蒙森在其《罗马史》中毫不犹豫地使用凯撒主义，尽管与罗米厄相反，他憎恨波拿巴主义，但读者误解了他，许多人都认为蒙森支持一个人的统治，甚至是在他所处的那个时代。在第二版中，这位伟大的史学家阐明：他的历史是对现代独裁的严厉批评，要把凯撒其人与作为体制的凯撒主义截然分开。②

> 不过，就此而言，我要明确而又坚决表达的是各地史学家默默主张的原则，反对这样一种做法……即脱离具体的情境把史学性的赞誉和责难泛化为一般性的论断，在当前的具体表现就是把我们有关凯撒的判断解释成是对所说的凯撒主义的看法。过去的历史的确应成为现在的指导老师，但不是在庸俗的意义上，就好比一个人可以简单地翻翻书，从过去

---

① 见 A. Momigliano,《重新审视凯撒主义思想的历史》(*Per un riesame della storia dell'idea di Cesarismo*, Rivista Storica Italiana, 1956)；《布克哈特与凯撒主义一词》(*Burckhardt e la parola Cesarismo*, 前揭, 1962)。

② L. Hartmann, *Theodor Mommsen*, Gotha, 1908, 66–7。

的记录中找到与现在的契合点，从中搜集病症进行政治诊断，找到处方的各项成分……从这个意义上说，与当代人的作品相比，凯撒及罗马帝国的历史，加上巨人不可超越的伟大之处，还有作品中蕴含的必然性，是对现代专制更为严厉的批评……凯撒的作品是必要的、有益的，并非因为它充满了或可能充满了祝福，而是因为……绝对军事专制是逻辑上必然产生的最后结果，是诸邪恶中最为不邪恶的选择。弗吉尼亚和卡罗莱纳的蓄奴贵族与苏拉时期的罗马同道做同样的事情，从历史精神的角度看，凯撒主义在那里被合法化。在其他的发展境况里，凯撒主义立刻又成了讽刺和篡夺。但历史将不会削减凯撒应有的荣誉，因为当邪恶的凯撒们进行误导，当无赖们撒谎欺骗时，历史会做出她的裁决。历史就是本圣经，她同圣经一样无法阻拦愚人进行误解，也不能防止恶人加以引用，历史将能够忍受也需要忍受这些人。①

　　蒙森之后的史学家很少有人使用凯撒主义一词。它更多地出现于政治学家的作品中，我们已经提到罗舍尔，还有一个人就是吕斯托（F. M. Ruestow）。② 但是，使用这个词并非真能有助于我们对问题的理解。马克思对此毫不怀疑，他在《路易波拿巴在雾月十八》中把凯撒主义称为 Schulphrase，一个虚假的历史类比。苏联最杰出的古代史家马什金（N. A. Mashkin）赞同马克思的观点，因为他认为，从历史学的角度看，将法西斯主义、波拿马主义和一个以奴隶劳动为基础的社会相类比没有意义。马什金无法完全排除凯撒主义，因为列宁的作品中有"罗马凯撒主义"一词

---

　　① T. Mommsen，《罗马史》（*The History of Rome*），ed. Ernest Rhys, IV, 439 - 440。

　　② F. M. Ruestow,《凯撒主义的本质及形成》（*Der Caesarismus, sein Wesen und Schaffen*, Zürich, 1879）。

（不管其真伪）。苏联史学家中没有人敢挑战列宁的权威。①

莫米利亚诺（Momigliano）则没有这样的禁忌，他批评那些使用凯撒主义的史学家，说这个词在古人看来莫名其妙，对现代人而言粗糙不堪。凯撒主义是一个典型的十九世纪概念，是为了帮助解释两拿破仑时代的情感和骚动。不过，在二十世纪，凯撒主义概念同法西斯主义一样无助于我们理解真正的凯撒。在研究真正的凯撒时，许多问题都会浮现。现代历史学中对凯撒五花八门的分类印证了一句格言，所有的历史都是现代史。

罗马共和国受到了凯撒的致命一击，蒙森没有为这个陈腐体制的坍塌扼腕叹息。蒙森支持1848年自由革命，是普鲁士容克贵族的强烈反对者。他撰写的历史既适合普通人阅读，也适合学者研究。这位后来又著有《罗马公法》（Römisches Staatsrecht）的作者直截了当地提到一位罗马市长（Bürgermeister），将卡图与堂吉诃德、苏拉与唐璜、庞培与军士长（sergeant – major）进行对比。关于共和国，蒙森说：

> 如果能想象伦敦有着新奥尔良的全部奴隶、君士坦丁堡的警察、现代罗马的非工业特点，加之1848年革命后巴黎的政治风浪，我们对共和国的荣耀就大致有了了解。而西塞罗及其同道在他们措辞阴郁的书信中对共和国的灭亡痛心不已。②

这样一个体制不会持久，幸运的是，负责让其覆灭的人是位"涂抹了民主膏油的君王"。凯撒是君主，但人们不要被僭主眩晕症（Tyrannen – schwindel）所迷惑。在蒙森眼中，凯撒是个整全完美的人，其天性澄净无瑕。凯撒待人随和文雅，他想要的似乎

---

① N. A. Mashkin, *Printsipat Avgusta*, Moscow, 1949, 74ff.
② T. Mommsen,《罗马史》, III, 513。

不过是在同辈中当佼佼者。他没有像如此多的人那样犯下大错，把政治变成军事专制。凯撒是伟大的政治家和现实主义者。我们不可以孤立地评说某项成就，凯撒的所有行为都是协调一致的。他是罗马孕育的唯一一位，也是古代世界产生的最后一位有创造力的天才。

　　蒙森不仅在十九世纪有追随者，在二十世纪仍然有。他们之间的差异很小：都承认凯撒是政治家、仁慈的统治者、绅士，认为他为罗马帝制奠立了根基。他们都谴责刺杀阴谋，将之归为卑鄙的妒忌，都不惜气力地称道凯撒对当下理解深邃，对未来视野开阔。①

　　对凯撒另一位伟大的崇拜者黑格尔来说，这甚至都有些太过了。在哲学史讲座中，黑格尔说凯撒是"罗马务实主义的典范，他对形势有正确把握后才做出决策，然后干脆痛快地以一种最为积极务实的方式予以实施"。历史没有意外，共和国的衰亡是历史的必然。元老院不再有权控制帝国，凯撒搭建的舞台将成为世界史的中心。黑格尔也知道尽管凯撒为自己的尊严和荣誉而战，他出于本能的所作所为符合历史必然性。同蒙森一样，黑格尔谴责对凯撒的谋杀，严厉批判那些出于妒忌扼杀伟大的斗筲之徒。但他并不认为凯撒是古代世界的最后一位伟人。

　　在反对蒙森的这一评价上，现代学界找到了焦点。在这里分析整个领域是不可能的，但对四种理论粗略进行纲要式的解析应能展现出此类研究形成的主要趋势。

　　1901年，费雷奥（Guglielmo Ferrero）出版了《罗马的伟大与衰败》（*Grandezza e Decadenza di Roma*）。在费雷奥看来，凯撒

---

① W. W. Fowler,《凯撒与罗马帝制的基础》（*Julius Caesar and the Foundation of the Roman Imperial System*, London, 1892）; H. Berwe,《罗马帝国》（*Imperium Romanum*, Leipzig, 1942）, 14; E. G. Brandes, *Caesar*, 2 vols. Copenhagen, 1918 – 1921; A. von Mess, *Caesar*, Leipzig, 1919; F. Gundolf, *Caesar*, Berlin, 1924。对 Gundolf 来说，甚至蒙森笔下的凯撒都不够伟大。

是位伟大的将军、作家，品性杰出，但不是伟大的政治家。费雷奥钦佩凯撒的现实想象力、明晰均衡的思维、旺盛的精力和闪电般的决策速度。不过，凯撒是位伟大的破坏者，他的任务主要是毁灭性的。凯撒完成了对旧世界的肢解和分裂。对当时的人来说，凯撒没有提出补救的方案。对后人来说，凯撒最伟大的功绩就是征服高卢，而他自己却认为那微不足道。① 在蒙达（Munda）战役后，凯撒的独裁蜕变为衰老而又漫无目标的投机，让人回想起旧共和体制中最为软弱的对策。凯撒没有政治或宪法的规划；他唯一全神贯注的想法仍是东方战争和吞并安息（Parthia）。凭借罗浮宫保存的凯撒半身像，费雷奥得出结论说独裁者的面部有身体遭受严重痛苦的标记。到公元前44年，凯撒已经是身心俱疲。

三十年后，费雷奥于1933年从法西斯意大利流亡到日内瓦大学教授历史。他在自己作品的英译本中撰写了一篇导言，并没有改变自己的观点。相反，费雷奥认为自己的凯撒史是反法西斯的，如果读者乐于这么看，也是反布尔什维克的。他批评十九世纪的史学家把热情放到一位天才的僭主身上，制造出一个古人并不认识的凯撒，拿破仑的兄长。但英雄－篡夺者、救世主－僭主不应受到赞扬。将凯撒升华后接着就是对拿破仑进行类似的升华。两人应有助于让我们这代人不遭受十九世纪政治浪漫主义的致命毒素，而政治浪漫主义则是同样荒谬的革命与反动的源头。费雷奥并未掩饰他的偏见：

> 西方必须使这一传奇的光芒消褪，揭示其背后的真相，如果这不会成为对篡夺者的追捕的话，他们在欧洲、亚洲和美洲的数量正日益增加。西方不能对篡夺者抱任何希望，必

---

① 比较 José Ortega Y Gasset，《民众的反叛》（*The Revolt of the Masses*, New York, 1950），118。

须要意识到篡夺者的高调承诺是基于对他们能改变历史进程的坚信。

无论蒙森与费雷奥有多大的分歧，他们仍有共同之处。两人都毫不犹豫地公开自己的政治信念，让自己仅仅因这个原因而受人指责。但批评那些坦陈自己政治主张的人是不公正的。过去所有的史学家都是现在的公民。不过，二十世纪的史学家无论如何有偏见，都变得更加诡秘，更缺少教诲性。人们很难发现他们的动机，只能加以猜测。心怀怨恨的塔西佗曾说"掩藏起来再好不过"（better disguised but not better）。法西斯分子的历史学则是这一规则的例外，它们没给读者留下什么想象的空间。对苏联史学家来说，元首制是唯一可能保证奴隶制存在的体制。对法西斯史学家而言，凯撒是"历史上最伟大的一个名字"，因为凯撒想提高行省人的社会地位，"为后代建立一个超自然的君主体制"。①

一战末期，迈尔（Eduard Meyer）出版了其重要作品《凯撒君主制与庞培元首制》（Caesars Monarchie und das Principat des Pompejus）。在第一版中，迈尔对费雷奥完全忽视。但到了第三版（1922），他承认费雷奥的书令人兴奋，甚至生气勃勃（Geistvoll），但"从史学上讲并不是对那一时期的准确记录"。迈尔的前辈，柏林大学伟大的古代史教授也受到了批评：蒙森描绘的凯撒从没存在过。蒙森没有写《罗马史》第四卷，直接跳到第五卷分析罗马行省并非偶然，原因很简单，这样一位凯撒没有给奥古斯都留任何余地。

迈尔反对说凯撒从政治生涯早期就计划建立君主制。他也不接受莎士比亚式的凯撒，"空虚、浮华、刚愎自用、以自我为中

---

① 比较 L. Pareti,《凯撒政治构想的实质》（L'essensa della Concezione Politica di Cesare，选自 M. Borda 等编 Caio Julio Cesare, Rome, 1957）。

心的老家伙，周围都是些马屁精，在吹捧者中间摇摆不定，在西班牙患过热病，曾因失败而卧床不起"。①

迈尔笔下的凯撒没有理想，他为自己的权位（Machtposition）而战。凯撒必须要掌握权力，但这并未令他堕落。相反，凯撒精心规划在新的基础上重建罗马帝国。在最后的日子里，凯撒想成为彻头彻尾东方式的君王，计划重新建立亚历山大的帝国。征服达西亚（Dacia）和安息，将首都从罗马移至亚历山大里亚，凯撒宏图的核心部分就是建立一个王朝。（迈尔承认凯撒的计划是真诚的，正如普鲁塔克在《凯撒传》LVIII 中所描述的那样）凯撒审慎地索取神的荣誉和国王的称号。苏维埃托尼乌斯（《凯撒传》, 76）提供了证据。凯撒接受了皇帝（Imperator）和国父的头衔，允许自己被授予对凡人来说过高的荣誉以及以自己的名字为一个月份命名。迪奥（XLIII, 43-44）注意到元老院投票"皇帝"名号应给予凯撒的后代子孙，尽管他无儿无女，年岁已长。我们不应把这一行为视作偶然。蒙森错误地认为国王的头衔是次要的。在迈尔看来，名分与权力的实质是不可分的。这样做就结束了过渡期，确立了新体制的特点。

与蒙森和费雷奥截然相反，迈尔的名著似乎完全客观中立。东方专制并不是一个现代发明。普鲁塔克、迪奥和苏维埃托尼乌斯都提及过，迈尔之前的史学家也曾研究过。② 但迈尔是第一个建立一种理论，把推行东方专制作为凯撒行为的动机的史家。这样一种看法有没有凯撒同时代的佐证呢？我们无法肯定。与古代史学家相比，迈尔花了更大的气力要把东西方历史融合在一起。希腊罗马史与地中海及古代近东历史的割裂使得古代世界的历史

---

① J. H. Collins, 前揭。

② 比较 E. Kornemann, 《埃及人对罗马皇权的影响》（Ägyptische Einflüsse im Römishcen Kaiserrecht, Neue Fahrgänge für das klassische Studium, 1899, 118）; H. Willrich, 《卡利古拉》Caligula, Klio, 1902, 85; A. von Domaszewsky, Kleine Beiträge zur Kaisergeshichte, Philologus, 1908, 1。

没有如实表现出来。迈尔的《古代史》(Geschichte des Altertums)就是想填补这一空白。迈尔同时还对历史研究方法感兴趣,发表了不少文章。1914 年战争爆发使他无法到东方旅行,迈尔的世界史也没有写完。他出版了一系列专著,《凯撒的君主制》(Caesars Monarchie) 就是其中之一。1918 年德国的覆灭让许多学者将德国的衰落等同于西方的普遍衰落,东方进入世界的中心。很少有史家赞同施宾格勒(Spengler),迈尔批评施宾格勒的具体理论,却从整体上加以接受。① 凯撒想将东西方统为一体的努力给迈尔留下了深刻印象,让他毫不犹豫地接受曾受到他人质疑的证据。

迈尔的书受到了好评②,凯撒的希腊东方专制论逐渐成了一种司空见惯的主张。学者们的分歧非常细微。卡尔科皮诺(J. Carcopino)把古代罗马专制描述成临时性的、偶然的、选举产生的、世俗的、节制的,而凯撒的专制则是提前做了精心的规划,永久的、绝对的并得到了公民投票的支持。"凯撒为了更好的统治,被世俗的城市孤立。"③

派斯(Pais)在《罗马历史法律简论》(Richerche sulla Storia e sul Diritto Romano, 1918) 中得出了类似的结论。与迈尔相比,派斯更强调克里奥帕特拉(Cleopatra)的作用和影响。泰勒(L. R. Taylor) 在《罗马帝王的神性》(Divinity of the Roman Emperor, 1931) 中从没有怀疑过凯撒的政治意图。苏联作家马什金基本遵循迈尔的看法,仅仅引入了马克思主义的方法。加拿大人科克拉内(C. N. Cochrane)强调说有充分的证据说明,在最后的岁月里,凯撒确实投入了亚历山大式专制体制的怀抱。④

---

① E. Meyer, *Spenglers Untergang des Abendlandes*, Berlin, 1925。
② 见格尔策 1918 年的书评,重印于 *Kleine Schriften*, II, 页 190。
③ J. Carcopino, *La Royauté de César et L'Empire Universel*, Les étapes de l'Impérialisme Romain, Paris, 1961。
④ C. N. Cochrane,《基督教和古典文化》(*Christianity and Classical Culture*, Oxford, 1940)。

有几个例子可以证明把关于凯撒的看法按国别分类的想法是没有根据的。根本不存在什么英国、德国、意大利、法国或美国的观点。法朗士（Anatole France）和朱利安（Jullian）赞同蒙森的观点。卡尔科皮诺和奥莫（Homo）更支持迈尔，而迈尔的同胞格尔策和施特拉克（Strack）则对他加以批评。英国学者如阿德科克（Adcock）、赛姆（Syme）和鲍尔斯登（Balsdon）都反驳迈尔，但他们彼此间就研究方法也没有什么共同之处。

对于蒙森观点的第三种批评路向出现于英国。佩勒姆（Pelham）持保留意见，认为我们应坦率地承认没有令人满意的线索探明凯撒对于未来的观点。① 要解释一些贵族的阴谋，阿德科克并非一定假设有希腊式专制（《剑桥古代史》，IX, 724）：凯撒遇刺是因其所是，而非因其或是。对赛姆来说，迈尔描述的凯撒是神话中的凯撒，是一理性的建构，而这恰恰是迈尔对蒙森的指责。如果要对凯撒做出评判，我们应用事实而不是所谓的意图。没有必要认为凯撒计划建立一个希腊式的专制，不管赋予这个词何种意义。独裁就已足够。作为史学家的塞姆对凯撒的最终目标并不感兴趣。有关所谓意图的表述永远无法得以证明或被驳倒。② 应把凯撒置于他所处时代的背景下，不要因其对遥远未来超人般的预知加以赞誉，也不要因其冲动盲目地摘取未成熟的果实而加以指责。

《罗马革命》不是论述凯撒或奥古斯都，而是研究管理机构和统治等级的转型。凯撒的许多措施就其目的而言都是临时性的，就效果来说也是转瞬即逝。对非政治阶层的提升却是永久性的。塞姆认为，共和国晚期和帝国早期的历史就是统治阶层的历

---

① Pelham，《罗马史文选》(*Essays in Roman History*, Oxford, 1911, 27)。
② R. Syme，《罗马革命》(*The Roman Revolution*, Oxford, 1959)，页 54；《凯撒、元老院和意大利》(*Caesar, the Senate and Italy*, BSR Papers, 1938, 2)。

史。塞姆忽略社会下层不是由于缺少兴趣，而是因为没有资料。①寡头统治总会存在，公开地或隐秘地，塞姆想向读者展现的恰恰就是这种寡头统治。与对凯撒一派成员的计划和思想意识的描述相比，塞姆对这些人、他们的人际关系、希望与抱负的介绍更好地勾勒出凯撒新党的面目。读者很容易忽视凯撒一派中各式各样的人员构成，尽管一方是声名狼藉的无赖，另一方是出身高贵的爱国者，两者的对比却是概要性的，有点容易令人误解。凯撒派有元老、骑士、百夫长、商人、富有的市政和行省官员、部落首领和君主。凯撒与强大的金钱势力以及大地主的代表有着密切的联系，他不可能赞同对财产进行彻底的重新分配。千差万别的跟随者增强了独裁者的势力，使凯撒立于各派之上。凯撒是苏拉，但更为仁慈；是格拉古（Gaius Gracchus），但计划更具革命性。关于凯撒计划建立希腊式专制的证据不是源于敌对方，就是出现于凯撒死后。凯撒同其他人一样，是地地道道的罗马人。关于他的未来计划，没有任何确定性可言。凯撒的专制行为和方案也无法揭示出他对未来的谋划。

阿德科克在这一点上与塞姆意见相同，他说元老院于凯撒在世的时候就把他列入罗马诸神，这无法作为确凿的证据使用。所有给予凯撒的荣誉不过是对其所作所为夸张的认可形式。②

同代人的资料确实要比苏维埃托尼乌斯、普鲁塔克、阿庇安或迪奥的记述更有价值。但肯定有人会问苏维埃托尼乌斯关于凯撒所受荣誉的故事是否为完全生造。提到提庇留时，苏维埃托尼乌斯清楚表明，这位君王反对神圣的荣誉：

---

① 见其杰出但极少引用的作品《殖民精英》（*Colonial Elites*, Oxford, 1958, 27, 52）。

② Adcock,《剑桥古代史》（C. A. H., IX,）页721。比较另一篇重要的文章：J. P. V. D. Balsdon,《三月十五》（*The Ides of March*, Historia, 1958）。

在众多的最高荣誉中，他只接受了几项一般的荣誉。如果他的生日适逢平民竞技会，他也只勉强同意在赛马活动中外加一部马车以示为他祝寿，他禁止给他建造神庙，设置佛拉门祭司和普通祭司，立塑像和半身像必须得到他本人许可，并且不得与神像并立在一起，只能放在神庙的装饰品之间。他不许对他起誓效忠，也不许用他的名字称呼9月。(张竹明译文，北京：商务印馆，2000，页128)

我们不能假定苏维埃托尼乌斯对凯撒抱有敌意。他很难杜撰这个故事。苏维埃托尼乌斯不是凯撒的同代人，但西塞罗却是。

在公元前45年6月的信中（《致阿提库斯书笺》，XII, 45），西塞罗提到凯撒受供于奎西努斯（Quirimus Synnaos）神庙。有人可能会把这封信解释成一个玩笑。不过，在《腓力比克》（*Philippics*）中，西塞罗的话说得就更清楚了："占个神位，安个神像，房子弄个山墙，配名大祭司，他还能获得比这更大的荣耀吗？朱庇特、马尔斯、奎西努斯都有祭司，因此侍奉凯撒的祭司就是安东尼。"在给安东尼的信中，西塞罗又说："哦，可憎的人，你是凯撒的祭司还是死人的祭司？"即便对塞姆来说，这一段的难度也很大，恰恰因为这一段，本世纪五六十年代的许多学者对塞姆的观点斟酌再三。这就涉及第四种批评路向。

沃格特（J. Vogt）1953年得出结论说，凯撒是神，罗马人并不反对把凯撒这样的天才看作神。不过，他们反对国王的头衔。① 埃伦伯格（V. Ehrenberg）赞同沃格特的观点。② 在他看来，尽管没有本质性的形式和名号，各种事实表明凯撒的地位远远高于单

---

① J. Vogt,《王权崇拜与凯撒》(*Zum Herrscherkult bei Julius Caesar*, Studies Presented to D. M. Robinson, St. Louis, 1953), II, 1138。

② V. Ehrenberg,《凯撒的最终目标》(*Caesar's Final Aims*, Harvard Studies in Classical Philology, 1964, 149)。

纯的独裁者。凯撒是最后一位贵族,更是第一位君主。阿尔福埃尔第（Alfoeldi）和克雷福特（Kraft）提出了不同的看法。通过详细分析罗马硬币，他们认为凯撒努力再现的是旧式意大利王制，而不是希腊式专制。①

当代学界的最后这一路向采取的方式就是把凯撒重新列入深谋远虑的政治家行列。凯撒不是冒险家，亦不是命运的玩偶；不是蒙森的超人，也不是迈尔的希腊暴君。多贝施（J. Dobesch）努力重新思考凯撒在世时的神化问题以及他对君主名号的争取，但未能提出新的证据。② 这样的证据根本没有。

柯林斯（Collins）在其优秀的文章《凯撒与权力的腐败》中提出一种更为全面的观点。柯林斯是美国人，在德国师从格尔策。他形成了一种高标准的材料批评主义，但毫不迟疑地将社会科学中的要素引入到研究中。③ 柯林斯划分出两个凯撒，分界点是公元前47年。就在这一年，凯撒认识了东方，遇到了克里奥帕特拉。她不仅仅是个情妇，正如贺拉斯所说，还是个"并不卑微的女人"（non humilis mulier）。

柯林斯假设凯撒的同代人意识到其行为和态度的变化。他们先是相信凯撒，但最终极其失望。公元前50年和46年，撒路斯特仍希望凯撒会改革共和国。柯林斯猜想的基础就是撒路斯特的文字。在凯撒死后撰写的《朱古达战争》（III, 2）中，撒路斯特说："用武力统治国家或臣民，尽管你有纠正暴行的权力并且这

---

① A. Alfoeldi,《关于凯撒专制的研究》(Studien über Caesars Monarchie, Lund, 1952); K. Kraft,《戴上金冠的凯撒与反对僭政的斗争》(Der goldene Kranz Caesars und der Kampf um die Entlarvung des Tyrannen, Fahrbücher fur Numismatik und Geldgeschichte, 1952, 7)。

② J. Dobesch,《凯撒神化自己的生平和博取君王头衔》(Caesars Apotheose zu Lebzeiten und sein Ringen um den Köningstitel, Vienna, 1966)。

③ 见其未刊稿《凯撒作品中的宣传、伦理和心理假设》(Propaganda, Ethics, and Psychological Assumptions in Caesar's Writings, Frankfurt/Main, 1952)。

样做了，仍不过是一种僭政。"（拉斯特［Last］、塞姆、弗伦克尔［Fraenkel］对这些文字的可靠性抱有很大的保留态度，不过柯林斯并不在乎。）西塞罗的态度也类似。公元前 55 年至 53 年，他与凯撒还很友好，即便内战后，西塞罗还希望凯撒会重新恢复共和国（比较其演讲 Pro Marcello），接着是彻底的破灭，最终是毫不妥协的反对。① 柯林斯强调说，凯撒对西塞罗而言是个谜，因为他并不符合西塞罗道德哲学中的任何一类。《斥辞二》（Second Philippic, XLV, 116）中有一个例子很好地反映出西塞罗的总体态度：

> 他身上闪烁着天才、精明、强记、文采、勤奋、深思、刻苦；他在战争中的所作所为虽对国家而言是灾难，但至少可算伟大；他多年来都谋求王冠，经受了巨大的辛劳和风险后，实现了目标；他用表演、工程、慷慨、宴会调和无知的民众，用赏赐拉拢自己的追随者，用仁慈来安抚敌手。简而言之，通过恐吓和隐忍，他已经让一个自由的社会养成了受奴役的习惯。

柯林斯的结论有足够的证据证明凯撒内心最深处的信念是旧式共和国。在对共和国感到绝望后，凯撒除了令人乏味的专制主义外别无选择。凯撒的傲慢、狂妄、对元老的冒犯、对贵族的轻蔑都不是由于武断。与其说凯撒反对共和国，不如说共和国反对凯撒更准确些。

凯撒是在充满危机和希望的时代掌握权力的历史角色之一。其统治基础的特点是支持者千差万别，也极其复杂。每一社会阶层期望对危机有不同的解决办法，因此也就塑造了不同的凯撒。公元前 46 年前后就出现了各式各样的凯撒。据贝朗热（J. Béranger）和阿

---

① 柯林斯认为西塞罗希望看到凯撒死去（《致阿提库斯书笺》, XII, 4; XIII, 40）。其他学者则不这么认真地对待这些段落。

伦（W. Allen）说，罗马贵族在凯撒死前的最后几年把他看作僭主。① 虽然评判这一时期时很难摆脱撒路斯特和西塞罗的影响，但不应透过那些牢骚满腹的文人的视角来看凯撒（如果西塞罗可以算一个的话）。鉴于认清凯撒真实面孔的难度，他在不同的社会群体中又树立的是什么样的形象呢？城里的民众如何看他？② 如果要追问凯撒在意大利城市、东部（如犹太人）或西部（如高卢人）行省居民眼中的形象，结果可能会让我们大吃一惊。这可能并不是我们不了解凯撒，至少可以说明争论因何持续到今日。

---

① J. Béranger，《僭政：罗马人特别是凯撒、西塞罗时期的僭政观念》（*Tyrannus: Notes sur la notion de tyrannie chez les Romains particulièrement a l'époque de César et De Cicéron*, R. E. L. 1935, 85ff.）；W. Allen，《凯撒的统治》（*Caesar's Regnum*, TAPA, 1953, 227）。

② Z. Yavetz，《民众与元首》（*Plebs and Princeps*, Oxford, 1969）。

凯撒、卡图与撒路斯特的道德言辞

斯克莱纳日（R. Sklenár）

撒路斯特的纪事最引人注目的特点是，他在演说辞中倾向于保留自己的语言风格，而不是照搬发言者自己的语言风格。在撒路斯特及其前辈修昔底德的作品中①，这样做的效果就是使发言者听起来宛如纪事作家。让笔下的发言者说撒路斯特式的语言不仅有助于使专题保持风格上的一致，甚至能将《历史》（Historiae）现存残篇串连在一起。因此，它代表的不是某种模仿性文学风格，而是统一的纪事作家笔法。② 本文分析的就是这一手法的精湛范例：撒路斯特道德言辞在凯撒与卡图论辩中的应用。③ 对

---

① H. Patzer,《撒路斯特与修昔底德》（Sallust und Thukydides, in Pöschl, 102 – 120), 114 – 115。［译按］本文选自《美国语文学协会通讯》（Transactions of the American Philological Association), Vol. 128, 1998, 页 205 – 220。

② 例如，Philippus 描述雷必达跟随者的方式模仿了撒路斯特对喀提林放荡的朋党的描述（Hist. fr. 1.77.7)；所有那些受到耻辱、贫困或一个邪恶的良心的困扰的人都从四面八方集合起来：他们都是同喀提林最亲近的人（Cat. 14.3)。（［译按］中译为王以铸、崔妙因译文，有改动，商务印书馆，1996）

③ P. McGushin （《〈喀提林阴谋〉注疏》, C. Sallustius Crispus: Bellum Catilinae. A Commentary., Mnemosyne Supp. 45. Leiden, 页 239）注意到两篇演说辞的风格"完全是撒路斯特式的"。D. C. Earl （《撒路斯特的政治思想》, The Political Thought of Sallust, Cambridge, 1961, 页 97) 用简短的篇幅敏锐地分析了卡图与凯撒对撒路斯特思想的重新表述。更为详细的分析，见 A. Drummond《法律、政治和权力：撒路斯特与喀提林阴谋的实施》, 40 – 41, 47 – 50, 72 – 77 （Law, Politics, and Power: Sallust and the Execution of the Catilinarian Conspirators, Historia Einzelschriften 93, Stuttgart, 1995）。

于撒路斯特的语言结构，最能验证其复杂统一性的莫过于撒路斯特驯服（更不用说抹掉）了两位历史人物鲜明且可查证的言辞风格。悖谬的是，正是通过风格上的一致，《喀提林阴谋》修辞的精彩之处恰恰暴露出撒路斯特道德体系中的一个根本冲突。凯撒与卡图的出场使撒路斯特发现自己的理性与道德理想相互对立，迫使本属规范的语言变成玩弄辞藻的游戏。使这场游戏成为可能的就是撒路斯特丢掉了过去祖辈遵循的两种相互依赖的特性：行为上的正直与道德措辞上的一致。只坚持行为上的正直而不管道德言辞的一致，这只可能适用于恪守古风的最后代表——卡图。关于祖先习俗（mos maiorum）① 的修辞，撒路斯特在凯撒和卡图身上投入了同样的（或者说同样有限的）力量，承认自己对所处时代腐败的屈从。对撒路斯特来说，他在分析罗马道德演说堕落

（接上页）R. Syme（*Sallust, Berkeley and Los Angeles*, 1964, 页 116）注意到卡图的演说辞与撒路斯特的开场白和题外话之间的对应，但认为撒路斯特亲卡图的倾向使他忽视了凯撒演说辞中的撒路斯特思想。我自己的立场很大程度上要受惠于 W. Batstone 对《喀提林阴谋》53 和 54 中凯撒与卡图的同步（synkrisis）的出色分析（"德性的对立：撒路斯特的同步与晚期共和国危机"，The Antithesis of Virtue: Sallust's Synkrisis and the Crisis of the Late Republic, CA 7: 1 – 29, 1988）。Batstone 认为，凯撒与卡图代表着撒路斯特两种相同冲突的德性观念，同步使德性与自己较量。见 K. Büchner（"撒路斯特喀提林阴谋中的凯撒卡图同步"，Zur Synkrisis Cato – Caesar in Sallusts Catlina, GB 5: 37 – 57, 1976, 页 56），他提出类似的论题"罗马德性要素发生蜕变"（die Einheit der römishcen virtus war zerfallen）。McGushin（页 311）认为"我们无法期望从如此散乱的德性中恢复公共事务的自由"。此次研究的主要目标是推进 Batstone 未详尽阐明的建议，即在撒路斯特个人语言及其笔下凯撒卡图的演说辞之间的相似性中存在一种可比较的现象（Batstone, 1988, 页 28, 强调为笔者所加）：

> 德性与词汇的问题位于第二十章喀提林玩弄传统概念的核心位置，也处于卡图与撒路斯特言辞、凯撒与撒路斯特言辞、喀提林的德性与凯撒的德性、甚至喀提林与撒路斯特言辞之间常常呼应的焦点。

① 相反，F. Lammli（"撒路斯特对卡图、凯撒和西塞罗的看法"，Sallusts Stellung zu Cato, Caesar, Cicero, MH 3: 94 – 117, 1946, 页 102 – 103）宣称，凯撒援引前人不过是一种伪善，撒路斯特自己的观点反映在卡图的话中"指明祖先习俗的真正含义"（Hinweis auf den richtig gedeuteten mos maiorum）。

后（postlapsarian）的不确定性时不会放过任何事任何人，尤其是在这个框架内构建自己信念的企图。

在凯撒演说的开头，这一战略非常明显，其布局与撒路斯特的序言几乎完全一致：①

《喀提林阴谋》1.1	《喀提林阴谋》51.1
无论是谁，	各位元老，任何人
如果他们想超越于其他动物之上，	如果考虑困难问题，
他们就应当尽一切力量	都应当把憎恨和友情，
不是无知无识浑浑噩噩地度过自己	愤怒和怜悯抛弃。
一生，像生来就垂向地并且	
受食欲的摆布的禽兽那样。	

撒路斯特的建议是针对任何想在生物王国中证明自己卓越的人，而凯撒的"考虑困难问题"（de rebus dubiis consultare）是一种需要运用理性的活动，而理性是将人与动物区分开来的特征。正如撒路斯特所说，反对蒙昧的斗争是人类生存明确的特点（因为蒙昧把人降到了与动物相似的境地），凯撒认为，已经取得卓越地位并促使自己"考虑困难问题"的人千万不能让激情（支持的或反对的）影响需要做出理性判断的决策。实际上，凯撒在告诉听众如何不偏离撒路斯特的人道理想。② 同样，智识（animus）和天性（ingenium），撒路斯特用来代指人类智力的词汇在凯撒的演说辞中并非独立存在：

---

① 关于两处语言表面的相似，见 K. Vretska,《撒路斯特的曲笔：喀提林阴谋》(*C. Sallustius Crispus: De Catilinae Coniuratione, Heidelerg*), 1976, 页 512–513（关于 Cat. 51.1）。

② 凯撒用一个补充不定式来强调 decet 的用法，这是在直接回应撒路斯特在介绍这一理想时的陈述结构。

如果有这些情绪的干扰的话,人们就不容易把真理分辨出来,也从来没有一个人在不能控制自己情绪的情况下还能维护自己最重大的利益。如果你运用理智的话,它会充分发挥自己的作用,如果你受制于感情,让感情控制了你,你的思维活动便软弱无力了。(《喀提林阴谋》51.2-3)①

在撒路斯特的序言中,这些词在第一句后立即出现,这样凯撒演说辞中的思考顺序几乎完全来自撒路斯特的开篇。因此,不读撒路斯特对智识功能的解释就无法理解凯撒情感阻碍智识追求真理的论点:理性约束着我们,我们约束着身体,我们的力量就在理性与肉体之间分配(《喀提林阴谋》,1.2)。基于这个原因,撒路斯特主张,我们应利用智力(ingeni opibus)而非体力(virium opibus)追求荣誉(《喀提林阴谋》,1.3)。② 追求荣誉(gloriam quaerere)本身就是一种积极的善,因为它代表着与默默无名的斗争,撒路斯特把追求荣誉列为人真正的进取心的特点(Earl,前揭,页8)。但如果通过体力而非智力追求荣耀,我们会扭曲人性,把从属性的才能置于主导性才能之上。从这个背景来看,凯撒论证的第一部分(haud facile animus verum providet ubi illa officiunt)意味着激情使情感产生缺陷,无法履行正常有序的功能(Vretska,前揭,页514)。凯撒的序言呼吁有意识地使用智力,谨慎地保留了撒路斯特式的智识与天性的联系。

但是,当凯撒引入欲望(lubido)一词时,撒路斯特在序言中设定的论题就被重新解释。作品中再次出现清楚的文内参引:欲望首先出现在《喀提林阴谋》的短语"主导性欲望"(lubidinem dominandi),紧接着是序言(《喀提林阴谋》2.2),凯撒还将这

---

① 关于这一段中凯撒与撒路斯特用法的相似性,见 McGushin,前揭,页241。
② Batstone,"撒路斯特《喀提林阴谋》中的智识冲突与模仿"(Intellectual Conflict and Mimesis in Sallust's Bellum Catilinae),1990,Allison. ed:,112-132。

个词与统治（dominari）联系起来。不过，撒路斯特的段落则勾勒出一种不同的天性与欲望的关系：只有当过去的伟大帝王（亚洲的居鲁士，希腊的拉西第蒙人和雅典人）开始攻城略地，把统治欲作为侵略借口时，他们才意识到天性在战争中的较高价值（《喀提林阴谋》2.2）。撒路斯特建议，至少是在严格的军事背景下，欲望和天性能够共存；经凯撒将其移接到平民的思考领域，这些词从共生变成相互对抗。

求助于祖辈前人构成凯撒关于仁慈辩证的核心，而他对撒路斯特理性主义的挪用贯穿其中。罗马在马其顿战争①中对罗得人（Rhodians）的仁慈，在对待伽太基时，对尊严的追求战胜了报复的欲望，凯撒把这些说成是"我们的祖先由于不受情绪的摆布而做出了公正合理的行动"（《喀提林阴谋》51.4）。② 撒路斯特先是在《喀提林阴谋》5.9 中提到祖先，作为 6－13 中回顾罗马史的前言，清楚表明他的目的是要追溯衰落的模式。③ 凯撒的创新是把撒路斯特对祖先的尊重吸收到承袭自序言的理性议项。换句话说，撒路斯特分别但同时追求两项议程：对人类卓越的理性构

---

① 正如 Drummond（前揭，页 40－41）所说，凯撒援引这一事件极具讽刺性：由于为罗得人辩护的不是别人，正是老卡图，凯撒利用一位卡图来反对另一位。撒路斯特和凯撒的开篇让人想起老卡图为罗得人辩护的语言，最明显的风格是生动有力（summa vi contra nititur, Rhod. fr. 164, Malcovati, Vretska 就此做出注释，页 30）。撒路斯特的读者不会对这种讽刺毫无感觉，他们了解卡图风格（R. Syme，前揭，页 112）。老卡图很可能是撒路斯特自己道德言辞的来源（superbiam 和 luxuriose 出现于 Rhod. fr. 163 Malcovati），这使讽刺更为复杂。关于撒路斯特对卡图的借用，见 Syme 267－269。

② V. Pöschl，"撒路斯特《喀提林阴谋》中凯撒与卡图的演说辞"（Die Reden Caesars und Catos in Sallusts Catilina），*Pöschl ed* 1970，*Sallust*，页 369。

③ 既然在这里我谈到了罗马的风气，我的文章的性质看来要使我回溯到更早的时候，并且简略地说一下在和平与战争年代我们的祖先生活在怎样的体制之下，他们怎样治理这个共和国，他们把共和国留给我们时共和国是何等伟大以及通过逐步的演变，它怎样不再是最崇高和最公正的城市而变成最坏、最邪恶的城市。（《喀提林阴谋》5.9）

想，对罗马古风的缅怀。凯撒的革新是让第二项议程从属于第一项。凯撒有关祖先的例子是想劝说元老院用父辈对待外仇的方式来处理内敌，即不带感情色彩地理性处理（contra lubidinem）。凯撒举出例子后立即告诉元老们，他们应当小心不要更多地考虑自己的愤怒而不考虑美好的名声（《喀提林阴谋》51.7）。凯撒指的是高尚地追求名声，撒路斯特则把此看作唯一有意义的生活方式：

> 农业、航海、建筑方面的成就照例是取决于人们的非凡的才智的。但是受制于口腹之欲、贪图安逸、没有文化、没有教养的许多人，他们的一生和徒步旅行者简直没有什么区别。我们知道，对于完全违背了自己本性的这些人来说，肉欲才是快乐而灵魂反而是一种负担。从我自己一方面来说，我认为这样的人，他们的生与死可以说都差不多，因为他们的生与死都是默默无闻的，没有任何痕迹保存下来。老实说，我以为只有下面这样的人才没有白活一世，并且充分发挥了自己的才能，此人尽心于某一职责，想通过光荣的行迹或崇高的事业取得声誉。（《喀提林阴谋》2.7－9）

撒路斯特在这里概括了序言里的理性原则。"受制于口腹之欲"显然是与《喀提林阴谋》1.1中"受食欲的摆布"相对应，从而将这两段联系起来。负责人类所有成熟的德性（virtus）是智识上的[①]，正如对庸人的描述（没有文化没有教养）所示：受自己身体的奴役，他们籍籍无名是因为未能开发自己的理性才能。"尽心于某一职责"与之相对，而"取得荣誉"回溯到"我们应

[①] 如Batstone的分析（1988全文，1990：122－124）所示，撒路斯特的德性是一个更容易解构而非解释的概念。Earl（前揭，页16）令人敬佩地试图做出清楚的解释："德性（virtus）是追求卓越功绩（egregia facinora）从而通过光荣的行迹（bonae artes）赢得荣誉的天性（ingenium）机能。"

该用智慧的力量，而不是肉体的暴力去追求荣誉"（《喀提林阴谋》1.3）。在凯撒看来，撒路斯特关于"光荣行迹"（bonae artes）的知性概念证明对阴谋分子的仁慈最符合祖先的习俗。

凯撒最后一个撒路斯特式动作仍进一步推进，将撒式理性主义用于罗马衰落的主题：用贫乏的资源创造了这一如此强大国家的那些人，较之我们这些勉强保住了他们光荣地挣得的产业的人，肯定是有更大的优点和智慧的（《喀提林阴谋》51.42）。这句话紧接着凯撒援引祖先仁慈的最后一个例子，立法限制使罗马公民痛苦不堪的刑罚种类。① 从这一宽大的行为中，凯撒得出结论说先人要比现在的罗马人更好更智慧。凯撒认为当时衰落是由于人们没有能力保持祖先取得的功业，这暗指撒路斯特有关主权是如何保有或丧失的言论：

> 如果国王们和统治者们无论在和平时期还是在战争时期都能表现出同样的杰出的精神力量，那么人间的事情就可以进行得更加顺畅和平稳，人们将不会看到权力的易手，也不

---

① "他们于是便制订了波尔奇乌斯法以及其他有关法律，允许被判罪的人选择放逐的惩罚"（《喀提林阴谋》51.40）。波尔奇乌斯法"禁止处死鞭打罗马公民，同时建议对违反法律的人处以严厉惩罚"，该法的详细内容已无法进一步确定。没有证据证明，对于犯下重罪的公民，波尔奇乌斯法用放逐代替了死刑。A. W. Lintott（"挑战——从指挥权之争到元首制"，Provocatio. From the Struggle of the Orders to the Principate, ANRW, 1.2：252 – 253）对这段做出了最具说服力的解释：凯撒在 51.40 中是概括他在 51.21 – 22 中所做的区分：

> 你为什么提出附加的意见，说这些人首先应当遭到笞打呢？是不是因为波尔奇乌斯法禁止这样做？是的，但是还有别的法律，它们也规定即便罗马公民被发现犯了罪也不能消灭他们的肉体，而只是允许他们亡命算了。

凯撒牢记波尔奇乌斯法禁止鞭笞。在这两段中，是其他的法律（alia leges）规定了流放而非死刑，而 51.40 中的 quibus legibus 只提到了其他的法律。还见 Drummond 31，115 – 116。

会有到处发生骚动和混乱的现象。因为人们信守最初争得政权的那些原则，所以维持政权也就不困难了。但是懒惰一旦取代了刻苦，无法无天与横傲无礼一旦取代了节制与公正的时候，统治者的命运便随着他们的品格而改变了。因此，权力便总是从能力较差的人手里转入能力最强的人的手里。（《喀提林阴谋》，2.3-6，强调为笔者所加）

技艺（iis artibus）一词，撒路斯特指的是智识德性（animi virtus），实际上是与精神、天性中的力量同义（vis in animo/ingenium）。理性占据优势地位时人就获得和保有权力，欲望和傲慢获胜时人就会丧失权力。智慧（sapientia）与德性携手而行，正如傲慢和欲望相伴相随一样。不过，凯撒重新定义了撒路斯特的词汇：对撒路斯特来说，的的确确只有理性才可能是善的，但也可能是恶的。喀提林的例子已表明了这一点：喀提林……具有非凡的智力和体力，但禀性却是邪恶和堕落的（5.1）；具有相当的口才，但是没有什么见识（5.4）。天性在这里从智识转向了性格，并成为德性的两个极端（bonum ingenium/malum ingenium），而智识力量与《喀提林阴谋》1.2中的精神力量相反，似乎在德性上是中立的。① 如果智识的敏锐（vis animi）能够与邪恶的天性共存，那么一个人可能会很精明但谈不上智慧，因为智慧（喀提林缺少的品质）代表着敏锐智识和崇高德性的结合。智识力量代表着精神和天性中的力量，撒路斯特最初认为运用这些力量追求荣誉在道德上是适宜的，现在理性力量则只不过是撒路斯特德性的一个前提。② 但凯撒的言论直到论辩结束都将理性等同于善，而他的整个论证都是从理性的角度来定义善。在凯撒看来，先人

---

① Batstone，前揭，1990，128-129。
② Batstone 正确地指出，撒路斯特经常修订自己的词汇含义（1990：119-132；192-194，尤其是注23、36和37）。

更好是因为他们的智识更高。撒路斯特自己对祖先正直品性的描述倾向于弱化对其智力方面的强调以赞同传统德性，如简朴、正直和勤勉。① 撒路斯特在解释为什么罗马的功业并不比希腊人的更值得颂扬时谈到了智识，宣称罗马人与希腊人不同，从未将智识与肉体割断过，这令人恍然大悟。② 我们当然可能用撒路斯特的序言来调和这一主张，推断说，肉体尽管一直在天性的运用中出现，然而要服从于天性。但事实上，撒路斯特对先人德性的表述已背离了序言中纯理性的观念。凯撒的任务正是重建德性、祖先习俗和天性的联系，但受到了撒路斯特预先的阻挠，他表明这些词汇的含义根本就不清楚。③

相反，卡图求诸于祖先习俗使撒路斯特身上的保守道德派比理性派享有更多的特权。卡图演说前面的部分与《喀提林阴谋》11 和 12 有着很深的联系，撒路斯特在这两处描述苏拉统治下的贪欲（avaritia）横行，公共道德普遍堕落，使得当代人的品格与古人产生分歧。"你们这些始终把你们的房屋、别墅、雕像和绘画看得比你们的国家还要重的人们，我要向你们呼吁"（《喀提林阴谋》52.5），卡图对元老们的责备性呼吁与撒路斯特的文笔很一致，撒路斯特描述了苏拉贪婪的军队并将当代人建造的别墅与罗

---

① 因此，任何劳苦对他们这些人都不陌生，任何地区都不过于崎岖或过于陡峭，任何手持武器的敌人都不足畏惧；勇气是最重要的（《喀提林阴谋》7.5）；因此，不论是在家里还是在战场上，都培养美德；到处都表现出最大的和谐，人们几乎不知道贪欲为何物。在他们中间普遍存在的公正和善良与其说建立在法律之上，不如说乃是出于本性（《喀提林阴谋》9.1）。

② 这样看来，成就事业的人们的功绩所以被捧得如此之高，只不过是有伟大的作家能够用颂扬的文学对事业本身加以抬高而已。但是罗马人民从来不曾有过这样的有利之处，因为他们中间最有才能的人们总是从事实际的事务，他们总是要在身体力行的情况下使用他们的头脑；最优秀的公民重视行动而不喜空谈，他认为他自己的英勇行动应当受到别人的称赞，而不应由他本人来记述别人的英勇行动。（《喀提林阴谋》8.4 – 5）

③ Batstone，前揭，1988，尤其是 11 – 12 和 19 – 20；1990，120 – 126。

马古人建设的神庙相对比。① 卡图不仅将元老的腐败与苏拉对罗马传统军纪的破坏联系在一起，还将其与撒路斯特对当时的放荡与奢华的描述相联系，那些最卑劣的、穷凶极恶的人们（《喀提林阴谋》12.5）自己的房屋都比得上城市的规模。卡图提到了公共事务，突出这与苏拉的联系：卡图不仅指责元老们忽视共同体，几行后还劝诫他们要紧紧抓住公共事务的决定权（《喀提林阴谋》52.5），因为生命和自由正处于危险之中（《喀提林阴谋》52.6）。撒路斯特使用短语"通过武力取得了国家的统治权"（《喀提林阴谋》11.4）来描述苏拉对权力的攫取②，认为喀提林有"攫取最高权力的欲望"（《喀提林阴谋》5.6）。③ 卡图此处使用的动词攫取（capessere）的词根与取回（recepta）、捕捉（capio）相同，逆转了词义上的对立。对于苏拉和喀提林的活动，攫取公共事务的决定权（capere rem publicam）意味着对权力的篡夺，因而也是对自由的攻击，而执掌公共事务（capessite rem publicam）要有元老院的决议，是自由的支撑。卡图以劝告结束，呼吁元老们不要自

---

① 正是在这个地方，罗马人民的一支军队第一次学会了谈情说爱和饮酒作乐，学会了欣赏雕像、绘画和刻有花纹人物的酒瓮（《喀提林阴谋》11.6）；当你们看到修建得和城市一般大的邸宅和别墅的时候，你们也应当去拜访一下我们的祖先那些最敬神的人们给诸神修造的神殿。他们以虔诚装点诸神的神殿，用荣誉为自己的家庭添彩（《喀提林阴谋》12.3–4）。

McGushin（页259）注意到了这些平行关系（与《喀提林阴谋》52.5相对）。

② 卡图还就撒路斯特的引用投入与凯撒的战斗，因为凯撒援引了撒路斯特相同的段落来警告元老，他说一个行为本身虽然好但会成为坏的先例：但是在苏拉通过武力取得了国家的统治权，从而使一切事物在好的开头后面出现了不祥的结果之后（《喀提林阴谋》11.4）；所有坏的先例都是从好的具体事件产生出来的（《喀提林阴谋》51.27）。McGushin（页251）就此做过注释。

③ 从苏拉确立了他的统治地位时起，此人便很想夺取最高权力（《喀提林阴谋》5.6）。撒路斯特决定把喀提林夺取最高权力的欲望（比较 lubidinem dominandi, Cat. 2. 2, G. Ledworuski, Historiographische Widersprüche in der Monographie Sallusts zur Catilinarischen Verschw? rung, Phil. 89, Frankfurt am Main, 页45）直接接着苏拉的统治，其目的当然是想突出两者有相同的缺点，将喀提林与苏拉之后罗马德性的没落联系起来。

我纵容（Drummond，页56）：如果你们想保住你们贪恋难舍的不管哪一种类的财富，甚至如果你们想为享受自己的欢乐提供一个和平的环境（《喀提林阴谋》52.5）。卡图为元老院行为的辩护扭曲了撒路斯特道德言辞，将其用于一种非撒路斯特式的目的。卡图的论证基于这样的前提：除了掌握国家权力，元老们没有其他的方式保留住这些奢华，但对撒路斯特来说，侈靡是政治肌体恶化的明证。

卡图提到他自己对这些奢华的抱怨，"我常常对我国公民的奢侈之风和贪得无厌表示不满"（《喀提林阴谋》52.7），这再像撒路斯特的口吻不过了（Earl，页97）。实际上，撒路斯特两次使用奢侈和贪婪（luxuria atque avaritia）的语词排列来表达罗马的道德败坏。① 但撒路斯特退出政治生活后也放任自己的道德义愤，他承认自己曾沾染了不祥的野心（ambitio mala，4.2）。卡图想在元老院里发泄对当代罗马市民的不悦，宁可付出与人在政治上结仇的代价，这必然与撒路斯特对沉湎于私人生活安乐的谴责形成鲜明对比。同撒路斯特一样，卡图看不上欲望；② 但卡图对欲望的非难源于自身的严厉刚正，撒路斯特承认，慷慨、贪婪与欲望的结合从性情上说对勇气是场灾难，撒路斯特年轻时曾无法抵御它们的劝诱。③ 卡图的面具并未改变撒路斯特批评的内容；关键

---

① 此外他还受到社会上的腐化堕落的风气的影响，罗马的风气正在受到性质截然相反的两大邪恶事物即奢侈与贪欲的腐蚀（《喀提林阴谋》5.8）；因此，由于财富缘故，同狂妄自大结合在一起的奢侈与贪婪便沾染上了我们的青年一代（《喀提林阴谋》12.2）。Earl（页97）注意到了52.7与12.2的平行关系。

② 我这个人是从来不纵容我自己或由于一时冲动而犯任何过错的，因此我也就不能轻易宽恕别人任着性子犯下的过错。（《喀提林阴谋》52.8）

③ 虽然我这个从不知罪恶为何物的人对这些恶习感到很大的厌恶，但是在如此邪恶的环境当中，我的年轻软弱还是使我误入歧途并被野心所控制。（《喀提林阴谋》3.4）

的差别是，在卡图的表述中，指责者是置身于指责之外的①。正如《喀提林阴谋》52.22－23 所示：卡图从第一人称复数（我们变得奢侈而又贪婪）转为第三人称单数（善恶得不到辨别，野心篡夺了功绩应得的一切报酬），又转为第二人称复数（当你们每个人都在谋求自己的私利的时候，当你们在自己家中沉湎于享乐而不能自拔，并在这里受到金钱或权势的摆布的时候），逐渐使自己跳出控诉，最终确定听众的自私要为国家的危机负责（没有防御能力的共和国会受到攻击，那就是顺理成章的事情了）。卡图的指责是居高临下，而撒路斯特的则是由己推人。②

卡图描述的共和国有足够的适应力，承受任由欲望支配的人们玩忽职守。这显然是对撒路斯特观点的反驳，撒路斯特认为当欲望及相关罪恶感染了国家时，共和国的崩溃必然接踵而至。这种反驳也表明卡图对撒路斯特最为精深论题的看法，以及语言上的反转：

说老实话，长时期以来我们便丧失了文字的真正含意。

---

① 在 Vretska（前揭，页 573，关于《喀提林阴谋》52.8）看来，卡图正在区分小错（delictum）与大过（male facta）。根据这一解释，在卡图看来，他对待自己小过错的严厉，使他有资格不容忍对其他由于欲望而犯大过的人。Vretska（前揭）还指出，对撒路斯特而言，fecissem 是虚拟式在原因关系从句中的独特用法，并说"也许是强调其不真实性"。他的小心没有必要："我这个人是从来不纵容我自己或由于一时冲动而犯任何过错的"可以同时解释为表原因的关系从句，是伪装反真实条件（disguised counterfactual condition）的后续成分（例如，si umquam deliquissem 是个未明示的条件从句）。因此，这句话的全部含义就是"由于我不是那种放纵自己的人，依照我的性格不会容忍任何小过错（即便我曾犯过某些错），我不会轻易宽恕别人因激情而犯下的大过"。卡图并未让步说他有大过，他只是讲即便他曾犯过大错也不会宽恕自己，卡图当然不会将自己的过错归咎于欲望。

② 需要再次强调的是，撒路斯特的卡图不仅是一个文学人物，还是位发言人，其针对当时道德败坏的修辞策略旨在羞辱听众从而让他们接受自己的建议（Drummond，前揭，页 74，注 151）。撒路斯特并不想让人们把卡图所说的一切都当作发言者真正相信的东西。

正是因为挥霍别人的财产被称为慷慨大方，而在做坏事方面胆大妄为被称为勇敢，共和国才被逼得走上了绝路。既然时代的风尚就是如此，这便使得这些人想方设法地挥霍我们联盟者的财富，对掠夺财富的人表现得仁慈；但是不要让这些人对我们的血也这样满不在乎吧，不要为了开脱几个恶棍而给全体善良的公民带来毁灭吧。(《喀提林阴谋》52.11–12)

使他们变得伟大的是另一些我们根本没有的品质：国内方面是讲求实效的作风，对外是公平的统治，和在商讨问题时光明磊落或毫不感情用事的一种独立不倚的精神。但我们却失掉了这些好的品质，而变得奢侈而又贪欲，公家贫困而私人却腰缠累累。我们以财富为荣并养成一种饱食终日无所事事的风气。我们善恶不分，野心篡夺了功绩应得的一切报酬。(《喀提林阴谋》52.21–22)

凯撒也表现出对语义滑移的关注：在别人身上被称为愤怒的东西，在一位领袖身上就是横傲和残暴(《喀提林阴谋》51.14)。在凯撒看来，同样的意义可以用不同的表意符号(愤怒与横傲残暴相对)来表达，这取决于当事人的地位。其他人与领袖的对比回应了凯撒先前所做的一个对比，籍籍无名的人与统治使其卓越的人。① 这一相当精深的语言社会理论旨在警告跻身于统治者的元老们，如果他们屈从于自己的愤怒，投票赞成处死罪犯，他们就会落下不好的声誉——横傲和残暴。换句话说，凯撒的理论是撒路斯特理性主义的自然结果，而卡图在此基础上则开出了不同的理路，将语义变化与国家衰落联系了起来 (McGushin，前揭，页263–264)。撒路斯特在《喀提林阴谋》12.1–2 中就已建立了这种

---

① 如果是那些默默无闻的卑微的人物由于愤怒而犯了任何罪行的话，那只有很少的人知道，他们的名声和命运是相适应的；但是那些有巨大权力和一生拥有崇高地位的人们的活动便受到世人的注意。(《喀提林阴谋》51.12)

联系，严厉批评后苏拉时代的道德败坏：

> 一旦财富开始受到人们的尊敬，并且当光荣、军事统帅权和政权随之也受到尊敬的时候，德行便开始失去其光彩，贫困被认成是一种耻辱，廉洁反而被说成是一种恶意的表现。因此，由于财富的缘故，同狂妄自大结合在一起的奢侈与贪婪便沾染上了我们的青年一代。

德行失去光彩的语言背景是积极或中性的表意符变成了消极（贫困被认成是一种耻辱，廉洁反而被说成是一种恶意）。使用奢侈与贪婪以及德行的属格来暗指撒路斯特的这段话，卡图意识到现时代的标志是善恶不分（《喀提林阴谋》52.22）：好人无法再与坏人区分开，因为文字真正含意的丧失破坏了善恶的概念类别。不过，与撒路斯特不同的是，卡图认为国家的堕落是可以抑制的。卡图用 sint sane（《喀提林阴谋》52.12）表明自己顺应现实，堕落已经发生，无法逆转，但他似乎想象着，即便词语被切断了真正的含义，共和国仍有可能得救：完成式的丧失（amisimus）直白地表明语义的脱节已经结束。不过，卡图暗示，即便语言与事实没有清楚的对应关系，仍可能有测定政治生活的手段；即便道德语辞不再纯洁无瑕，仍能使政治生活保持纯洁正直。卡图就这样在撒路斯特的概念结构中注入了一种与撒路斯特本人相反的观点。

与此同时，卡图澄清了这一概念结构，我们可称其为撒路斯特/卡图语言理念。这一理念当然得益于修昔底德对科基拉内乱（Corcan stasisyre）后语义变化的分析。① 在卡图的演说辞中，修

---

① 其他的分析见 K. Latte（*Sallust, Neue Wege zur Antike*, ser. 2/4, 1935, Leipzig and Berlin, 页4），Büchner（前揭，1983，全文），T. Scanlon（《修昔底德对撒路斯特的影响》，*The Influence of Thucydides on Sallust*, 1980, Heidelberg, 页75、82），Drummond（前揭，页73）。但同样重要的是，要注意到语义变化的主题是"哲学修辞的败坏"（philosophisch-rhetorisches Gemeingut, Vretska, 页578, 关于《喀提林阴谋》

昔底德的影响表现得淋漓尽致："文字丧失了真正的含义"让人想起"常用词句的含义不得不加以改变，而采用现在所赋予它们的意义"，"在做坏事方面胆大妄为被称为勇敢"实际上是"过去被看做不顾一切的鲁莽之举，现在则被认为是有勇气"的译语（修昔底德 3.82.4）。① 撒路斯特的 haberi coepit 和 duci coepit 可能源自 ἐνομίσθη（凯撒的 dicitur 和 appellatur 也是如此，尽管用于完全不同的议项）。而撒路斯特和卡图都使用的"奢侈与贪婪"则让人想起修昔底德对道德败坏原因的确定（"由于贪欲和野心所引起的对权力的追求是所有这些罪恶产生的原因"，3.82.8）。修昔底德的遗产就在撒路斯特和卡图这两个角色之间分配，卡图的主要贡献是描绘了撒路斯特—卡图理论与修昔底德学说的差异。修昔底德谈到传统意义的变化，卡图提及真正意义的丧失。② 也就是说在说明表意符与意义的传统关系瓦解时，修昔底德最初接受了索叙尔（Saussure）的立场，即这种关系基于相互一致（eiosos）③，但又放弃了这一立场，赋予"意义的嬗变"（mutabilité du signe）以消极的题外之意。索叙尔认为意义的嬗变是一个无法避免的、中立的、历时久远的（diachronic）进程（Saussure，前揭，页 108 – 113）。对修昔底德来说，语义一致的破裂是他不愿意看到的，因为它源自政治秩序的崩溃，随着政治混乱（stasis）而来的就是语言混乱（Loraux，

（接上页）52.11；比较 McGushin，页 291：政治词汇的堕落是一个著名议题……卡图在这里再次表达了一个撒路斯特式概念）。关于修昔底德详细材料的研究，见 N. Loraux "修昔底德与言辞的嬗变"，Thucydide et la sedition dans les mots，QS 12：95 – 134，1986。

① Büchner，前揭，1983，页 259 – 260。

② 我就此接受 Büchner 的观点（1983，页 260），他对"词语惯用含义的变化"（修昔底德）和"词语真实含义的丧失"（撒路斯特/卡图）做了敏锐的区分。还见 Batstone，前揭，1988，页 21 – 22。

③ F. de Saussure，"实际上，在一个平静的社会里人们业已接受的所有常用表达原则上基于集体习惯，它们同样会随着习俗的改变而改变。"《语言学总论》（Cours de linguistique générale）第三版，1931，Paris。

前揭，页 114 - 124）。但修昔底德并没有说这种一致已经建立起正确的含义，即便正确的含义是可能的；他只是暗示符号的稳定是必要的，无论确立了什么样的一致，都必须要保存下去。相反，撒路斯特和卡图的论证从根本上说是一个反索叙尔的立场，认为表意符归属于特定的含义，罗马政治秩序的崩溃不仅使表意符与其实际的含义，还有应然的含义（在像罗马过去那样的健康政治秩序中，表意符是与应然含义联系在一起的）相脱离。旧的一致，祖先的习俗，使表意符与意义恰当地统一在一起，从而创建了真正的符号。① 修昔底德只承认一致的必要性，但并不厚此薄彼，而撒路斯特和卡图把祖先的习俗视为一个优选的共识。对他们来说，政治和语言的悲剧并不仅仅是语义的稳定让位于语义的混乱，而是祖先的符号体系，唯一能容纳和承载事实的符号体系，已四分五裂。②

卡图的语言论证清楚表明，自己与凯撒的根本区别不在于如何处理阴谋者的问题，而是如何解释这个已经不再一致的体系，或者说如何确定此前一致性的性质。如果卡图是对的，就需要对任何冒犯进行最严厉的惩罚。两人都引用撒路斯特支持他们的观点，但最终卡图得到了支持：

> 在我们祖先的时代，奥路斯·曼利乌斯·托尔克瓦图斯对高卢人作战时曾经因为他的儿子违背他的命令进攻敌人而将之处死。这样，这个勇猛的年轻人就因为太勇敢而付出了生命的代价。你们还拿不定主意如何惩处这些简直是胆大包天的叛国分子吗？（《喀提林阴谋》52.30 - 31）

---

① Büchner，前揭，1983，页 260："反之，撒路斯特认为，古人的词语才有着真实的含义"（Sallust hingegen weiβ, daβ die alten begriffe die vera vocabula rerum sind）。
② J. D. Minyard 认为卡图在表述"时代的危机。语辞漂浮不定，脱离了所依附的价值和习俗……语言表达思想和事实的功用，在思想混乱时检验真相的可能性，都成了问题"（《卢克莱修和罗马共和国晚期：罗马思想史一论》，*Lucretius and the Late Republic: An Essay in Roman Intellectual History*，Mnemosyne Supp. 90. Leiden）。

比较:①

他们通过实现战时的勇敢与和平时期的公正这两种品质，来省察自身，监督其国家。为了证实这些话，我可以举出这样一个令人信服的证据：首先，在战争时期，受到惩罚的更多是那些违反命令进攻敌人或在战场上接到撤退命令而行动迟缓的人，而很少是那些竟敢丢掉鹰标或被迫放弃阵地的人。再者，在和平时期，他们施行仁慈之治而不是使人心怀恐惧，而在受到不公正对待时，他们宁肯宽恕别人而不愿进行报复。(《喀提林阴谋》9.3 – 5)

尽管卡图举的是具体个人的例子②而撒路斯特则是从整体来谈，但想法却相同：祖先惩罚那些不遵守军令的人，即便违抗的形式是过分渴望与罗马的敌人作战。但卡图的例子有不同的目的：卡图想表明，处理共和国的敌人不应比祖先处理不守军令者还心慈手软，而撒路斯特显然是想协调道德体系中两大成分的共同之处，希望表明先人的德性在战争与和平时期采取不同的形式。实际上，卡图援引撒路斯特的这段一定程度上是对与凯撒争辩的解释。卡图的建议重新提到祖先在战争时期的政策，凯撒提的则是和平时期的政策。卡图努力想表明，喀提林阴谋不过是一场对国家的战争，只有这样他才能使凯撒无法利用祖先的表意符求得公正（aequitas）和宽恕不义（accepta iniuria ignoscere）。

尽管卡图的政策占了上风，但撒路斯特关于祖先习俗的观念仍无可挽回地破碎不堪。卡图对撒路斯特战争与和平德性的对比

---

① Earl（前揭，页97）注意到了这个平行关系，但没有进行详细分析；E. Tiffou 将这作为一个决定性证据，说卡图是撒路斯特的传声筒（《撒路斯特在序言阐述中的道德思考》，Essai sur la pensée morale de Salluste à la lumière de ses prologues, études et Commentaires 83, Paris）。

② 正如许多评论家所说，这个人不可能是托尔克瓦图斯；见 Vretska，前揭，页599；McGushin，前揭，页266。

的学术性处理直接指向了这一裂缝，因为如果喀提林叛乱是针对国家的战争，那也是国家内的战争；正如撒路斯特和撒路斯特笔下的卡图从修昔底德那里所学到的那样，是纷争（stasis）摧毁了传统的表意体系。凯撒承认词汇的含义能够滑移，但他假装古代的德性仍处于其原始（prelapsarian）状态，使撒路斯特的语言野蛮化从而支撑自己理性的德性概念。凯撒忽视了撒路斯特自己从理性模式向道德模式的滑移以及两者之间的冲突。卡图完全意识到语言与道德的状态，他的错误在于想象着他能够敦促人们回归古代德性，尽管古代的词汇含义已经无法证实（certitude）。卡图的呼吁明显自相矛盾，他对同代人的物质享乐主义嘲笑蔑视，但又借着物质享乐主义来羞辱他们，从而使其遵守自己保守的行为理想。卡图对祖先习俗的定义就预示着他严厉的道德观，他认为那是一套古老的前理性的毫无争议的真理。① 但这样一种德性只对卡图有可能，因为卡图是——或至少摆出姿态是——最后一位为这些无可争议的真理而活的人。卡图认为，词语的真实含义是绝对的、独立于社会共识，即便他的看法是对的，在一个共识业已消失的社会里，这些词语也丧失了权力。唯一不抱幻想的人物是撒路斯特，对他来说，喀提林阴谋最恐怖之处在于它留传给撒路斯特一个如此模糊与矛盾的道德词汇，甚至喀提林本人都能根据自己的目的加以引用②，喀提林自年轻时③就是纷争的疯狂爱好

---

① 这个定义出自 J. D. Minyard，前揭，页 10。
② 喀提林对亲信的演说见《喀提林阴谋》20.2，开头是恳求他们要勇敢和诚实。
③ 从年轻的时候起，他便非常喜欢内战、杀戮、抢劫以及政治上的相互倾轧（《喀提林阴谋》5.2）。从整体而言，四边填词应是马略和苏拉的时代（Vretska，前揭，页126）。但令人尤其感兴趣的是，内战和倾轧都是修昔底德的 stasis 在语义学上的近义词。

者。① 撒路斯特对危机的研究先是以自己的口吻来表述这些模糊与矛盾的相互冲突，然后在一场争论中达到高潮。撒路斯特试图将含义的碎片组合成一个道德言辞，如果含义仍完好无缺，这场争论本不会出现。

---

① Ingenio pravo，《喀提林阴谋》5.1；pravus 在这里按词根含义使用，是 rectus 的反义词："弯曲的、颠倒的、反常的、堕落的"（Ledworuski，前揭，页75）。

（［译按］此文选自《文笔大师凯撒》（*Caesar as Man of Letters*），Cambridge University Press, 1956, Chapter 3, 页50-62）。

赳赳武夫*

阿德科克（F. E. Adcock）

据普鲁塔克说，凯撒把自己描述成一介"赳赳武夫"以便与西塞罗重归于好（《凯撒传》，3，4）。他这样说有自嘲的意味，凯撒完全明白自己不是拙于言辞的粗人，在当时及后世，凯撒作为演说家都享有很高的声誉。尽管没有写完，凯撒的语法作品《论类比》(De Analogia)，如弗龙托（Fronto）所说，屹立于"高耸入云的巅峰"(inter volantia pila)。这本书展示出凯撒对于语言形式的学术兴趣，也表明了他的多才多艺，而不是仅仅擅长于军事和政治。凯撒还跟随当时的文学潮流，撰写散文。凯撒的《反卡图》当然说与其宽厚之名并不相符，他像是在探险，不得不与希腊罗马文学中写过类似恶讽作品的名家一比高低。我们后面再分析凯撒战记的风格，战记的水准证明凯撒确为杰出作家，我们现在对此已经说够多了。

有鉴于此，凯撒的主题是军事方面的，涉及罗马人的诸多战争行为，打击高卢人、日耳曼人和布立呑人（Briton），接着在内战中收拾敌对的罗马将军及其军队。标题并不能激发现代读者的想象，也无法赢得他们的同情。从久远的历史来看，征服高卢有着正当的理由，或者说部分正当的理由。有人可以争辩说，高卢

---

* ［译按］此文选自《文笔大师凯撒》(Caesar as Man of Letters)，Cambridge University Press, 1956, Chapter 3, 页 50–62。

人本身就四分五裂，处在充满野性的本土活力与文明的强大军事之间，他们无法逃脱日耳曼入侵者的蹂躏，臣服罗马则会给国家带来更多的和平、教化与繁荣。这些从长期来看是福赐，但从短期来说并不能减缓烧杀抢掠给那些受害者带来的苦难。内战和最终结束于蒙达的西班牙战争揭示出人们一定程度上忠诚于某事业，更多的是忠诚于他们的将军，我们很难从中找到崇高的动机，这场争斗的胜利，任何一方都无法当之无愧。有人可能会认为，内战是通向君主制的一个阶段，还会认为君主制总体对人类族群而言是一个福佑。不过，内战并不是唯一的方式，也不是最好的方式。如果能调动更多的智慧、更博大的胸怀、更多人类事务中有价值的因素，简单地说就是"给予与索取"，没有内战，罗马同样也会功峻业伟，恩泽广布。

反思本身让人受益良多，不过凯撒战记的可靠性并未严重损害人们对它的学术兴趣。不管凯撒从军的目的和效果如何，他对自己、属下和对手行为的记叙都会给研究者以丰厚的回报。凯撒以极高的质量调度军队，越来越指挥若定、勇敢无畏。在精干的百夫长率领下，士兵们随着服役年数的增加对自己和指挥官树立了信心。身经百战的军团需要有强健的团体精神（esprit de corps），如拿破仑的禁卫军（Old Guard）或现代军队中的王牌团。神经崩溃或惊恐失措会降临到任何军队头上，尤其是那些没有经验的部队。凯撒自己可能也有灰心丧气的时刻，比如凯撒与铁石心肠的伊密利阿斯（Aemilius Paullus）交手，看到马其顿方阵在彼得纳（Pydna）打败了自己的军队时（普鲁塔克，Aemilius, 19, 2）。这些时刻在战记中根本没有出现，即使出现过，也肯定是转瞬即逝。凯撒沉静无畏（serene courage），这也是马尔伯勒（Marlborough）和惠灵顿（Wellington）的杰出品性。他期望属下和士兵也有能这样，并擅长激发他们身上的这一潜质。

对凯撒来说，指挥作战首先是脑力的锻炼，他称之为谋略的较量（ratio belli），心智万不可被自负或自卑所蒙蔽。凯撒到高卢赴任时还没有什么统率军队的经验，在取得《阿非利加战记》作者所说的"非凡的作战知识"之前（《阿非利加战记》，31，4），他还有不少东西要学。一旦掌握了这一技能后，凯撒就尽情使用它，其他东西都无法像战争这样令他得到更大的满足。不过，凯撒也没有把战争搞得神秘兮兮。他假定读者具备有关罗马战争方法的一般知识，了解军队各单位的建构及其战术运用。当出现罕见的军事问题时，如在宽阔幽深、水流湍急的河道上架桥（《高卢战记》卷四，17），或者在潮汐不明的情况下向地中海的敌对海岸登陆（《高卢战记》卷五，1），凯撒都尽力解释这些问题是如何解决的。我们可以猜想莱茵河桥是由工程人员设计出的，但凯撒有兴趣实事求是地记述这个问题及其解决办法，"决定按照下列方式建造桥梁"。在围攻马西利亚（Massilia）时，副将特雷波尼乌斯（Trebonius）在修建塔楼时面临一个技术上的问题，这的确是个问题，也得到了解决："它就按照下列的方式造起来"（《内战记》卷二，8ff）。对于塔楼的建设以及用来挖城墙的盖棚，凯撒做了详细的描述。这一成就实际并没有让城墙倒塌，因为马西利亚人凭借欺诈和大风的帮助将建成的工事一烧而尽。尽管塔楼和盖楼被完全摧毁，凯撒似乎认为有必要把这些都记录下来，公平对待特雷波尼乌斯及工程人员的聪明才智。这说明凯撒多么期望读者能像他一样对兵法中的技术问题感兴趣。

这些例子说明凯撒在打仗时非常动脑子，想办法克服物质困难，用谋略来解决问题。与之相较的是凯撒对战争中人的因素（一般的和具体的）的欣赏和批评。在《高卢战记》中，凯撒很少对敌方首领的军事技能做出评判。直接的赞扬只给予了一伙野蛮人，他们"尽管生还的希望已经微乎其微，却仍显示出非常的勇敢"，凯撒说这是勇气的胜利（《高卢战记》卷二，27，5）。针对阿里奥维司都斯（Ariovistus）的军事行动表明凯撒对日尔曼人作为战略家的尊重，不过他在这里着重强调的是阿里奥维司都斯的傲慢，而不是他的技能。在打击纳尔维人（Nervii）的战斗中，敌军首领波陀奥耶多斯（Boduognatus）迅速占据了战术上的优势，我们从凯撒的叙述中就能推断出这一点。英度鞠马勒斯（Indutiomarus）、安皮奥列克斯（Ambiorix）和卡西维隆弩斯（Cassivelaunus）以不同的方式展现出他们的强大；维钦及托列克斯的形象在卷七则是呼之欲出。

维钦及托列克斯是凯撒的所有对手中与凯撒最为相像的人。他颇有远见，能察觉具有最大成功几率的战略，也具有让国人坚决实施这一战略的权威。他残酷无情，在遭受霉运后会毫不犹豫地通过欺骗来保存（reassert）自己（《高卢战记》卷七，20，8-11）。维钦及托列克斯至少在爱杜依人中谋划过一次反叛行动，摧毁了罗马政策在高卢中心地区（Central Gaul）取得的成果。罗马军团在及尔哥维亚溃败后，他就将凯撒置于一个两难选择之中，其中任何一种都注定是危险不利的。维钦及托列克斯给罗马人造成的军事处境标志着一场危机（《高卢战记》卷七，66）。维钦及托列克斯思维缜密，唯一没有料到的是凯撒从日耳曼人那里取得了骑兵和轻装步兵。在第 67 段，日耳曼人的及时介入打乱了维钦及托列克斯的如意算盘，使之陷入灾难。他撤退到阿来西亚。凯撒并未说他是否认为这步棋是个错误。维钦及托列克斯的所作所为可能是最好的事情，因为在战争中有时"坏的就是最好的"。鉴于高卢人无法以一次决战打败凯撒的军队，包围同时又被包围可能会让罗马军队面对数量巨大的敌人时疲劳过度。正是对及尔哥维亚的包围让凯撒遭受了严重的溃败。在求援部队被打垮、阿来西亚失陷前，凯撒关心的都是如何更好地利用自己的机会。第 89 段简要叙述了维钦及托列克斯的情况，接着冷冰冰地讲投降过程。不管凯撒如何称道维钦及托列克斯的将才及人品，这都换不回丝毫怜悯。八年后，维钦及托列克斯跟随凯撒走完了凯旋仪式后被处死。

凯撒是总督（imperator），那些将军只是他的军团指挥官（legati）和副将。拉宾努斯（Labienus）呼吁战士们要像总督亲自在场一样拼杀（《高卢战记》卷七，62，2）。在《内战记》中，有人指责苏拉（P. Sulla）本有可能取得胜利，凯撒为之进行辩护，对副将的职责做了明确说明（《内战记》卷三，51，4-5）。在凯撒看来，副将负责的事务可归为主将的职责范围内，是自己职责的一部分。凯撒的任务分派也以此为准则，不过这并不妨碍他对副将们判断能力的充分信任，因为这些人同样遵守用脑子打仗的原则。① 这样做的部分理由是确保他们对凯撒的忠诚。到高卢战争结束时，他的副将的确除了忠诚于凯撒没有什么作为，但凯撒知道他们对他的信任就是军队团队精神的一部分。他对西塞罗（Q. Cicero）持批评态度，公元前53年，西塞罗似乎怀疑凯撒能否实现其目标（《高卢战记》，卷六，36，1-2）。凯撒对萨宾弩斯（Sabinus）和考达（Cotta）争论的记述暗含着对前者的批评。萨宾弩斯头脑不清判断失误，而考达则与凯撒潜在的目的更为接近，即副将只做安排给他们做的事情，坚守阵营，原地不动，就像西塞罗所做的那样。不过，当副将发挥主动性时，凯撒也以赞扬的口吻记录下来，"突然面临这些严重的困难，他了解到只有依靠自身的坚毅，才能脱身出去"（《高卢战记》卷七，59，6），比如克拉苏斯（Publius Crassus）与阿里奥维司都斯的战斗（《高卢战记》卷一，52，7），拉宾努斯与纳尔维人的厮杀（《高卢战记》卷二，26，4-5）或公元前52年在巴黎附近的军事行动。一般而言，凯撒对副将不会用赞美性的言辞。当凯撒赢得胜利时，他不会称道自己，因而也不会褒奖副将。但凯撒已把副将们的成就及其缘由讲清楚，这就足够了。

在《内战记》中，凯撒毫不掩饰从纯军事的角度上对对手表示赞赏。庞培的战略判断、战术考量和才略（《内战记》卷三，87，

---

① M. Rambaud 近期出版了一本才情四溢的书，说凯撒小气地贬低副将是为了提高自己的威望，但仔细重新阅读了战记的相关内容后，我对这一点并不认同（L'art de la deformation historique dans les Commentaries de Cesar, Paris, 1953）。

7），阿弗拉尼乌斯（Afranius）的精明狡猾（《内战记》卷一，40，4）和佩特雷尤斯（Petreius）的气魄（《内战记》卷二，75，2），凯撒对这些并未贬抑。他们同样知道要用脑子打仗，出差错也不是因为军事技能欠缺，而是由于精神和智力在更高层面上的软弱：不能像凯撒那样掌控人员和事件，把才智与意志融合在一起。

　　凯撒不仅是战略家和战术家，还是统率士兵的主将。军团是其实现目标的手段，凯撒能轻松地操控军队，并与之有着深厚的情感。与凯撒最贴心的是百夫长，他们使军团的英勇品质发挥出更大的力量。凯撒谴责他们在溃败中的失误，也一反常规地称赞他们的勇敢和坚定。凯撒意识到读者会明白百夫长是军团的灵魂，是罗马将军要令行禁止所依仗的代理人。没有百夫长，即便指挥官再有天赋，战士再勇敢和有锐气，也无法取得胜利。按顺序排的话，接下来是老兵和身经百战的军团，这些人以征募和编队来划分，必须要通过战斗赢得凯撒的尊重。在老兵编队中掺入缺少经验的队伍来并不是凯撒的作法，他的叙述表明他认为这种区别要保留并且不时加以强调。在维松几阿（Vesontio），凯撒需要振奋军心，攻击强大的阿里奥维司都斯。他说，如果其他部队不听指挥，只要第十军团跟着，他仍继续前进，接下来的行动表明士兵们把他的话牢记在心（《高卢战记》卷一，40，15）。

　　弗朗斯（Anatole France）说拿破仑"想的就是全体士兵之所想"，没有人能这样说凯撒，也无法想象他像《亨利五世》中阿金库尔（Agincourt）决战前的国王那样巡视军队。但文本中处处可见士兵们的谈话，或认真或戏谑，凯撒言辞的优雅常常屈就于军营中的粗话（sermo castrensis）。凯撒鼓舞手下面对困难要保持耐心，要像他那样有强烈的取胜意志，直到他们一想敌人有可能跑掉就异常恼怒，比如在伊莱尔达发生的情况（《内战记》卷一，64，2）。在及尔哥维亚（Gergovia），士兵们肆意冲锋，完全不按他的谋划，结果导致溃败，凯撒对他们严加责备（《高卢战记》卷七，52）。在法萨卢斯，庞培命令不要半路迎击对方的冲锋，等对方的人马跑得上气不接下气时再与之交手。凯撒的部队凭战术直觉停了下来,接着击退了敌人的猛攻。凯撒批评说庞培命令手下坚守不攻从而压了部队的士气(《内战记》卷三,92,4)。这暗含着对自己军团的赞赏,他们已经从凯撒身上学会冷静思考,当时机到来时再予以痛击(《内战记》卷三,93,1)。

凯撒对敌人残酷无情,但为了照顾士兵的利益则费尽心机。在伊莱尔达战役中,他坚决不强攻,因为在摧毁另一支罗马军队的同时会给自己的人马造成重大伤亡。凯撒凭借着宽宏大量和精明手段使这一后果得以避免(《内战记》卷一,72,3)。对于反对他的罗马军队,凯撒在战记中没有使用一个侮辱性的语词,对于为他战斗的人,他也以最为公正的方式加以对待。

研究战记还要研究凯撒带兵打仗的能力是如何不断地得以长进的,因为凯撒并未花心思解释他为何成为一名出色的将军,又为何变得更为出色。有一些将领看到了骑兵在战斗中的决定性作用,如亚历山大、奥勒留(Aurelian)、古斯塔夫(Gustavus Adolphus)、马尔伯勒。对凯撒来说——大部分罗马指挥官也都这么看——骑兵仅仅是"战场女王"步兵的帮手。但我们看到凯撒及其副将拉宾努斯在高卢加强了骑兵的使用,在第七次军事行动出现重大危机时,凯撒用从日尔曼招募的马队来对付维钦及托列克斯的骑兵。当骑兵占有优势时,凯撒就用他们扩大战果,如伊莱尔达战役。在巴尔干以及后来的非洲,凯撒想办法击败对手的伽拉太(Galatian)或努米底亚(Numidian)骑兵或使之中立。在蒙达的最后一次战斗中,骑兵行动成为整个战役的转折点,尽管不清楚是不是凯撒发起的。总的来说,凯撒看起来并不非常信任骑兵,除非它能得到步兵的密切支持,否则其用途只是侦察、空袭和追击。

如果说凯撒不是杰出的骑兵将领,那么在海战方面他就更谈不上杰出了。凯撒不像庞培那么欣赏海上力量,但我们要看到他怎样花心思克服文内几人航海船只造成的困难以及如何把军团运到不列颠登陆。在内战中,凯撒没有对抗敌军舰队的手段。他的答复是观察亚得里亚海的气候特点然后采取行动,让天气成为他的盟友。总之,凯撒把海战事务交给别人处理,特别是布鲁图斯(Decimus Brutus)。他甚至有可能怀疑用脑子打仗这一原则落在大部分罗马人没信心的海面上时是否还灵验。

庞培年轻时以迅捷而闻名,卡图甚至在法萨卢斯战役后还对这一点加以称道(《阿非利加战记》,22,2)。凯撒是以静制动的大师,他能让时间为其作战,就像对付比尔及人(Belgae)的第一次军事行动那样。他的天资在于迅速而凶狠地打击,当凯撒出击的时候,他可以一剑封喉。在第拉修姆(Dyrrhachium)遭受惨败时,"到处都充满着混乱、惊慌和逃奔",凯撒解释说庞培不敢乘胜追击的原因是意外事件"挡住了追兵,又转而保障了我军的安全"(《内战记》卷三,70,2)。即便如此,凯撒不得不撤出全部守军,消消晦气,鼓舞手下的斗志。凯撒对士兵说"他们就必须用自己的辛勤努力来帮助命运"(《内战记》卷三,73,5),这一演讲的高潮同样反映出一位指挥千军万马的将军的精神风貌。

读者可以看出凯撒在判断地形方面日益老练,使用防御工事的技能越来越娴熟。借助工事,凯撒能有效利用兵力,保护作战行动,预先料到出现意外的可能性。并不是他一个人这样,凯撒对副将在这方面的足智多谋也毫不掩饰地给予称赞,当然凯撒最赏识的还是军团随时准备拿起土铲和刀剑。该说的都已说完,战争的方方面面也已分析,对于那些想精通兵法的人,拿破仑的建议是:经常研读凯撒战记。

凯撒的指挥艺术

博恩（Lester K. Born）

每个时代都有它的秘密，每个时代的创造者同样如此。凯撒的秘密就在于他有权力在军队的各个级别灌注一种精神，将军团与统帅融为一体。凯撒只惩处违抗命令的人，对其他行为一概宽恕。①

通过研究凯撒的战记及与其始终相关的那些作品——《阿非利加战记》、《亚历山大战记》和《西班牙战记》，我尽力为"案头宝典"找出一些切实的证据。这会遇到一些困难，因为凯撒并未对自己的理论做过什么解释。② 根据需要做出的编排肯定会主观随意，细节部分会有所交叠。本文分析的主题分为：统帅、对人性的洞见、征服、部下、对他人的态度。

普鲁塔克对这一主题做过如此巧妙的概括，似乎直接引用他的话方为妥当：

---

① Edgar Saltus,《帝国的紫色》（*The Imperial Purple*），页 13-14。[译按] 本文选自《古典学杂志》（*The Classical Journal*），Vol. 23, No. 2, Nov., 1927, 页 94-106。

② 有人可能会说这里的大部分材料都是老生常谈，得出的推论并不仅仅适用于凯撒自己。对此，我的答复是我尽力让凯撒告诉我们他自己的故事。如果他老生常谈，责任也在凯撒。如果说本文指出的某些军事天才标记并不限于凯撒本人，这也并不能否认它们在范例中的价值或重要性。

那是一个伟大的烽火时代……凯撒用战争征服了所有高卢人……有睿智英勇之名的统帅凭其胆识赢得了巨大的声誉,凯撒像那些前辈一样以作战勇猛、将才卓越而闻名。菲比阿(Fabian)、斯基皮奥、梅特拉斯(Metellian)、苏拉、马略、卢库卢斯兄弟(Luculli)和庞培,他们的威名都升入了天宇。与同时代及之前的这些将军相比,凯撒的谋略和武功的确超过了他们所有人。无论是从战场的艰难程度、征服疆域的面积、对手的数量和实力来讲,还是从当地人的粗野严厉(凯撒使之驯服开化)、对降服者的礼让和仁慈、对战争中为自己效力者的奖励和慷慨来考虑……而且,他如此受士兵爱戴,以至于在他的率领下……他们无往不胜。①

统帅

品质是杰出统帅的第一要求。凯撒在这方面达到了非常高的水平,并加以充分利用。他以实实在在的勇敢和谋略领导部下。凯撒的出现,无论在现实中还是在精神上,都能激励他的军团,我们发现凯撒的部将常常运用这一点。例如,"拉宾努斯鼓励士兵们……要像经常领着他们击溃敌人的凯撒亲自在场看着他们一样"(《高卢战记》卷七,62)。有一次,当凯撒

看到形势十分危急……在后军的一个兵士手中抢过了一面盾,就向阵线的第一列赶去,一面叫着百夫长人们的姓名,鼓励着其他兵士……他的到来……使每个人都想在统帅的亲眼目睹之下表现出自己的最大力量。(《高卢战记》卷二,25)

---

① 普鲁塔克,*Caesar*, 15–16(North 译本)。

在整个军队眼中,凯撒本人是神圣的,他们都极力保护他和他的权利。这些人显然既是为罗马而战,也是为凯撒而战。在内战爆发后,当凯撒提醒手下以前他们如何忠诚并号召支持自己时,士兵们喊道他们"已经准备好保卫自己的统帅"(《内战记》卷一,7)。最为重要的是要注意到,整个内战期间,凯撒的罗马军团①没有逃到庞培那边去的,相反,倒有许多部队来归顺,只有一名罗马军官离凯撒而去。②

对于统帅的义务和责任,凯撒了然于胸,他为之做了一切力所能及的事。有一次,敌人对他发动了突袭,他说"凯撒就得在瞬息间做好许多事情"(《高卢战记》卷二,20)。人们对此不会没有察觉。凯撒知道士兵的性命掌握在将领的手上,他们都寄希望于司令官。凯撒的所作所为证明,他没有辜负战士们的信任。凯撒最重要的一项原则,就是只要可能就与手下一起同甘共苦。

> 就算战斗终于胜利,为什么一定要他损失一些部下呢?为什么一定要让这些跟着他不辞千辛万苦的士兵去冒受锋镝呢?……特别对一位统帅来说,用计谋取胜的责任并不比用剑取胜的少一些。(《内战记》卷一,72;比较《高卢战记》卷七,19)

凯撒意识到,作为战术的基础背景,将领不仅需要天赋和号召力,他说"统帅的过错和指挥官的失误常常带给军队失利"(《内战记》卷三,72)。

---

① 在《内战记》卷三,60-61,我们发现两名高卢人(骑兵军官)离开,并带走了相当多的跟随者。

② 这就是拉宾努斯,在高卢战争中的表现非常耀眼。由于这一信息出自凯撒本人的作品,我们绝不能忘记凯撒的战记是政治宣传册,即便最伟大的人也会用令人难解的情况对真相修修剪剪。

凯撒常常动用个人的领导才能，如果可以相信他自己记述的话，在我们看来，这往往使他处于危险之中。下面的例子就表明"凯撒正在尽可能鼓励他的部下在工事上坚持下去时，自己也同样卷入了这场危险"。①

只要有必要，凯撒就亲自指挥军队，而不是下放给副手，这说明他认为对指挥官来说，没有什么事情小到不用在乎。在阿非利加战争中，凯撒不得不学习适应新的战法：

> 凯撒开始着手训练自己的部队，但并不像是一个统帅在训练一支久经沙场、屡建奇功的老部队，而是像一个角斗教练在训练自己的新角斗士，教他们从敌人那边退回来该退多少步，回转身来面对敌人时应该用什么方式，对敌人的抵抗应该在几步之内，怎样时而前进、时而后退，佯装攻击，以至连在什么地方、用什么方式掷出轻矛都得教给他们。(《阿非利加战记》，71)

还有一次，凯撒得知敌人会用大象来对付自己，就让人从意大利运来一些大象，指导士兵如何攻击并让己方的马匹适应它们。②

凯撒还亲自进行过侦察。在他进攻亚历山大港时，"凯撒为了可以亲自作出决定，他自己上了船，并命令全部舰队都跟着他一起前去"(《亚历山大战记》，10)。

---

① 《亚历山大战记》，21；比较《阿非利加战记》，81；《内战记》卷三，46；《高卢战记》卷二，25；比较普鲁塔克，前揭：如果不是凯撒自己拿起盾牌，冲到野蛮人里杀出一条血路……那天就不会有一个罗马人生还。

② 《阿非利加战记》，72。有一本详细阐释这一题材，《关于大象的军事史》(*Armandi Histoire Militaire des Elephants*)，Paris，1843。

对人性的洞见

凯撒对心理的把握非常好,也很通人情。还有比这个例子更多的明证吗?"难道使一个统帅得到军队好感的不正是战斗的成功,而使他受到军队痛恨的不正是战斗的失败吗?"(《内战记》卷二,31)凯撒还说,"辜负士兵们的期望和在世人中的口碑,让人以为怯战,这会给他的声誉造成严重的损害"(《内战记》卷一,82)。

凯撒意识到能叫得出手下的名字非常重要。我们可以举几个例子(《高卢战记》卷二,25;卷五,52)。这样做的必要性一直存在,"如果凯撒叫得上整个部队士兵的名字,如果居鲁士能做相同的事情,今天的团长就应知道团里每个人的姓名,他也能够做到。"[1]

凯撒完全知道,那种勇敢一致的努力和自发性经常是遭遇战中的决定因素,要想尽办法加以培养。现代军队中的"G-3形势评估"就充分考虑到了这一点。凯撒差不多以相同的方式进行评估。[2]

凯撒是人类大脑活动的敏锐观察者,他深知士气的意义。凯撒曾说:

> 所有的人心胸中天生都有一股因渴望战斗而炽热起来的精神上的锐气和冲劲,这种激情,做统帅的人只有责任表扬鼓励,切不可反加以遏止。因而,从古传下来的做法,即军

---

[1] Scammell,"色诺芬记叙的指挥艺术""The Art of Command according to Xenophon"(Army Quarterly, Jan., 1925, p.357)。

[2] 见《阿非利加战记》,86;《内战记》卷三,82-92(法萨卢斯);《高卢战记》卷二,8-9;《内战记》卷二,38,凯撒在这段介绍了库里奥的评估。

号要四面齐鸣,全军要一气猛喊,决不是没有道理的,为的是这样做可以使敌人惊惧,使自己的部下得到鼓舞。(《内战记》卷三,92-93)

其中隐含的动机与现代军队相同:在最后冲锋中振奋士兵的精神,他们肩并肩地立于钢矛铁盾之后,脸上杀气腾腾。比较下面文字,注意两者相似之处,"少校下令吹冲锋号。锋线各编队的号手立即吹起了嘹亮的号声……战士们呐喊着向前冲……一旦发起攻击,各营就要拿出最大的气势,不要为了保持队形限制冲锋部队的激情。"① 与这一要求相配的是凯撒能够也随时准备进行"指挥"。当他为是否派步兵渡过湍急但没有桥梁的水流而犹豫不决时,部下就说他们愿意渡河并做好了准备。于是凯撒决定尝试一下。(《内战记》卷一,64)

凯撒明悉调动士兵对所在团队自豪感的作用,我们可以比较一下今天野战团的集体荣誉意识。在阿凡历古姆之围中(这是别都里及斯(Bituriges)的最后一个城镇,因此对凯撒至关重要):

> 凯撒对各军团谈话……宣称如果缺乏粮食的情况真使他们无法忍受,他可以停止围攻时,大家异口同声要求他别这样做。他们认为把已经开始的围攻中途息手,是一件可耻的事。随便吃什么样的苦,总比不被高卢人玩弄阴谋杀死的罗马公民报仇好……他们把这种意见告诉了百夫长和军团指挥官,通过他们转告凯撒。(《高卢战记》卷七,17;比较《内战记》卷三,6;卷一,7)

凯撒非常高兴战士们私下里可以真诚、无拘无束地谈对指挥

---

① 《美国陆军培训手册》 (*Inf. Drill Reg. USA*, 1911 edit., rev. to 1917), par. 319, 466, 471。

官及其计划的感觉。没有什么比这更令人安心了。内战期间,凯撒在第拉修姆之围时,"经常听到人们在值岗时交谈,说他们宁肯吃树皮过日子,也不愿让庞培溜出自己的手掌"。①

凯撒熟知人性,这一点极为清楚,他肯定做过仔细的研究,从后面这句话就可以看得出来:"人们通常总相信自己的愿望会实现"(《高卢战记》卷三,18)。在记述内战中乌提卡(Utica)附近的战役时,凯撒对人性中的缺陷有如此观察:"所有这些人、连带还有许多假装受伤的人,都因为害怕,离营退入市镇"(《内战记》卷二,35)。如果有自己珍惜之物,人就会用心尽力。凯撒在这方面非常值得称道,凯撒告诉我们,他从军官和百夫长那里借钱给部队:

> 这是一件一举两得的事情:一方面,作为押金,它使百夫长们的心和他更紧密地连在一起;另一方面,他的慷慨犒赏又换得了士兵们的爱戴。②

世界各地有头脑的人长期以来都在寻求这一问题的真正答案,为什么人们在战斗中要坚守自己的阵地或全力前冲直面死亡?罕见的英勇可以解释一些个人英雄主义的案例,其他的情况则需要用群体心理来解释。凯撒以其一贯的清晰简洁风格解释他在这个问题上的看法:

> 在光天化日之下,众目昭昭,他的羞恶之心就会起作用,更何况还有百夫长和军团指挥官们亲身在场。士兵们通

---

① 《内战记》卷三,49。关于凯撒处理军营谣言的能力,见《内战记》卷三,36。

② 《内战记》卷一,39。关于一般性的看法,还见《内战记》卷一,21;卷三,32。

常就是在这些情况约束下，才牢守自己的职责的。①

征服

拿破仑告诉我们，"古斯塔夫、蒂雷纳（Turenne）、弗里德里希、亚历山大、汉尼拔、凯撒都遵守相同的原则。就是要使自己的军队紧密团结；不要让虚弱地带没人防守；重要关头要行动迅速"②

凯撒取得成功（凯撒亲自参加战斗时只失败过两次③）的一个重要因素就是他能做到人尽其才。西班牙战争期间，在乌利亚（Ulia）之围中，有一些村民从庞培（Gneius Pompeius）那边跑过来恳求凯撒援助。"凯撒派十一个步兵队和一部分骑兵（去帮助他们），同时派一个在这个行省很有名、对这个行省也很熟悉的人帕基埃库斯（L. Julius Paciecus）统率着这支部队前去"（《西班牙战记》，3）。从战记的记述来看，帕基埃库斯非常出色地完成了任务，这充分说明凯撒善于用人。战记中有许多段落提到了凯撒最忠诚最能干的副将拉宾努斯，这进一步证明了凯撒的用人本领

---

① 《内战记》卷一，67。有些人会说这里的原因就是恐惧，罗马军队的纪律就以此为基础。见 Du Picq, Etudes sur le Combat, 章 ii, passim。但是，我相信我所提出的原因，如果说不是唯一理由的话，至少与其他原因分量相当。

② McCartney, *Warfare by Land and Sea*, 页 9。关于凯撒这一方面的释例，见《内战记》卷三，89；《高卢战记》卷四，13；《高卢战记》卷二，12。要想充分了解这句话的正确性，就必须完完整整地阅读凯撒，不能只根据"言辞漂亮的段落"下判断。

③ 这发生在及尔哥维亚和第拉修姆。普鲁塔克关于凯撒才干的话（章 15）非常有趣，但不可完全当真（cum grano salis）：在高卢不到十年的征战中，凯撒如狂风暴雨一样席卷了 800 多个城镇，征服了 300 个不同的民族，与 300 万士兵对过阵，其中的 100 万被凯撒杀死，更多的成了囚徒。

(《高卢战记》卷一，10，21；卷二，11 及他处)。

另一个重要因素就是凯撒的"干劲和锐气"（dash）。从某种角度看，这一因素似乎应归为战术分析部分。放在这里主要是基于它对士气的影响。凯撒在萨奥尼河（Saone）上建桥的速度令敌人大吃一惊。厄尔维几人对凯撒的到来自然也会困惑不已，他们发现凯撒能在一天内完成自己二十天都完不成的任务（《高卢战记》卷一，13）。凯撒进攻日耳曼人的情况类似，他在莱茵河架起了众所周知的大桥（《高卢战记》卷四，17）。《西班牙战记》的作者说凯撒以极快的速度行军到西班牙（《西班牙战记》，2）。在《阿非利加战记》中，负面的证据可以做进一步的证明（《阿非利加战记》，73）。迪奥告诉我们，在凯撒即将到来的消息传到西班牙之前，他已经到了那里。① 在这位鬼火一样飘忽不定的司令官的指挥下，战士们又怎么会不全力以赴呢？

部下

凯撒明白调动下属积极性的意义，但同时又对军官和战士施行严苛无情的纪律。凯撒以名言警句的形式对这种情况予以总结："副将的职责与统帅有所不同。副将应该一切行动都听从吩咐，统帅则必须不受拘束地考虑整个大局。"② 凯撒到前线指挥战斗，苏拉留下来统帅营地。苏拉得知前线有一段处境极其艰难，就率兵出击，决定性地扭转了战局后鸣金收兵。苏拉的行为受到凯撒严厉的谴责，因为他没有把战场上的优势发挥到极致。但凯撒又高度赞扬苏拉，说苏拉"并没有负正式决战的责任……何况

---

① Dio Cassius, xliii, 32。可与晚近的 Stonewall Jackson 进行比较。

② 《内战记》卷三，51。比较下面的文字（Inf. Drill Reg., par. 370）："给予军官们的自由程度要与他们的指挥级别成正比"，我们还会发现（373）："独立绝不能变成放纵。无论下属有多少人，他们显然在自己的权限内是最高首长，军中只能有一个首长，一个所有人都必须服从的最高意志。"比较 363 和 372。

还会被人家看做是僭夺了统帅的职权"。①

下属中的军官（文职官员）一片恐慌，不停地告诉凯撒他们担心会出内乱。当出现这种情况时，凯撒果断采取了措施。(《高卢战记》卷一，40；关于同样的观点，比较《高卢战记》卷七，52)

凯撒的意志就是当时的最高军事法庭。他的话机敏而又有决断性，这视属下对他冒犯的程度而定。在阿非利加战争中，第九军团和第十军团的有些军官和军士有不当行为，

> 次日，凯撒把各军团的所有军团指挥官和百夫长都召到自己的将坛下面来，对他们这样说："我极希望那些恣睢放纵、太过自由的人，能够自己克制些，能够认识到我的宽大、温和和忍耐。只是，由于这些人始终肯对自己有所检点和约束，所以我只好按照军队中的惯例，把他们树立起来作为一个榜样，让别人能不蹈他们的覆辙了"(《阿非利加战记》，54)。

凯撒剥夺了他们的军职，把这些人弄到船上送出了非洲。

同当时的其他统帅一样，凯撒慷慨地把奖赏作为杰出表现的刺激手段。我们往往倾向于认为，古人是花钱买英勇。凯撒用准确的判断对奖赏加以平衡调和，一句及时的赞语常常产生很大的效果。在解救被围在高卢冬季大营的西塞罗时，凯撒"热烈赞扬了西塞罗和军团，还跟一些被认为勇敢出众的百夫长和军团指挥官作了个别谈话"(《高卢战记》卷五，52)。在非洲塔普苏斯战役前，"他在城里人的注视下表扬了士兵们，对胜利的队伍加以奖赏，给那些最为勇敢的人和有卓越功绩的人发了奖酬。"② 西班牙

---

① 《内战记》卷三，51。这可以作为现代先遣部队指挥官的"黄金法则"。
② 《阿非利加战记》，86。比较现代的做法，盛大的颁奖仪式、功勋授予和正式的荣誉品，这些基本要素完全相同。

战争期间有一次遭遇战,凯撒运气不好,一些轻步兵和一队骑兵就过来解救。结果是为了表扬卡西乌斯(Cassian)骑兵队的勇敢,凯撒奖给他们一万三千塞斯特斯,轻步兵一万塞斯特斯,奖给他们的指挥官五只金项圈。①这与现代那种给整个编队授勋、给予指挥官特别奖赏的做法有何不同?凯撒与我们的动机相同,差别只在于具体的执行方式。

军队要靠肚子来行军,这是拿破仑的经受了时间检验的老话。爱杜依人突然遭受天灾,而他们答应提供的粮食是一拖再拖,还有两天凯撒就必须给士兵发定量的粮食,这让凯撒注意到需要经常对后勤供应加以关注(《高卢战记》卷一,16,17,23)。我们还可以找到其他许多筹集粮食的例子。②

卫生和清洁问题也没有逃过凯撒的眼睛。在军队从高卢的夏季大营转到冬季大营后,凯撒命令所有人到德来维里(Trier)附近集中,他要进行盛大检阅。"他……行军到尽可能远的地方,直到他认为新的环境已经足够增进军队的健康为止。"(《高卢战记》卷八,52)还有一种情况就是"凯撒在平地上让部下略事休息,免得他们在疲劳中投入战斗"(《内战记》卷一,65)。在攻打亚历山大港时,当地人在穷凶极恶的伽尼墨德斯(Ganymedes,这个太监迁升为军队总管)领导下,从城里控制了水源供应,让海水流到被占领区的管道里。这在凯撒的部队里造成很大的骚动,凯撒不得不对此加以重视。"他让士兵们安心,然后把任务布置给百夫长们,叫他们把其他一切工作都统统停下来,先一心一意地

---

① 《西班牙战记》,26。比较《内战记》卷三,5;《高卢战记》卷七,27;《高卢战记》卷八,2。还比较 Scammell, loc. cit., 页 355-56:"这一赠送荣誉品的方法对大部分军官而言并不实际,但如蒙田所说,这些本身没有内在价值的奖赏,如奖牌、称号和奖状,在获奖的人以及所有可能获奖的人看来,是最高的奖赏。因此,每位指挥官都要有权对突出表现加以奖赏。"

② 《内战记》卷一,48-49,卷三,42;《高卢战记》卷四,32,卷五,20,卷六,44;《阿非利加战记》,8。

挖井，就连夜里也片刻不要歇手。"① 结果当天就挖出了水，迅速解决了部下的需要。

对他人的态度

凯撒致西塞罗的信开头说："你对我的看法是对的，因为你非常了解我，没有什么比残忍离我的天性更远的了……"② 这似乎是毫无根据的吹嘘。凯撒的确有时不加区分地进行惩处（《高卢战记》卷二，33），但考虑到他所处的时代和环境，这一情况也不那么恶劣。比较突出的情况（有一些是出于政治原因）是，凯撒始终能对从庞培派虏获的军官加以照顾。凯撒在这一方面的名声一定是众所周知（如果我们可以相信他的记述的话），因为阿提乌斯（Sulmo Attius）被抓交给代凯撒行使职权的安东尼时，他立即要求见凯撒。安东尼答应了他，凯撒未加任何惩处就把阿提乌斯放了。③ 在内战中的一次休战中，两军阵营的人相互探访，双方都是罗马人，许多人都曾在一起服役。庞培阵营的军官搜到凯撒这边的人都无情地处死，但"凯撒命令把在会谈期间来到他营里的对方士兵都很仔细地找寻出来，遣送回去"（《内战记》卷一，77）。这是凯撒自己的表述，必须要审慎对待。

在处理被征服的部族时，凯撒要么是报之以李，要么是以牙还牙。高卢的两兄弟（阿洛布格斯族）对凯撒非常忠诚：

> 为了这个缘故，凯撒把他们自己国内的非常尊荣的职位授给他们，还破格让他们进入元老院，而且分给他们从敌人

---

① 《亚历山大里亚战记》，8，9。比较《内战记》卷一，50；《高卢战记》卷七，41。
② 西塞罗，ad. Att. ix. 16。
③ 《内战记》卷一，18。比较《内战记》卷一，13，23；西塞罗，ad. Atti. ix. 8。

那边夺来的高卢土地和大批钱财，使他们由贫变富。(《内战记》卷三，59)

只要可能，凯撒就允许他们自治，尽可能不打扰当地的秩序。凯撒与爱杜依人狄维契阿古斯（Diviciacus）的关系在这方面非常突出（《高卢战记》卷一，20），还有其他一些例子。[①] 但如果形势所迫，凯撒就会使用铁腕。例如，文内几人冒犯了罗马使节的尊严。为此，"凯撒决定给他们比较严厉的惩罚，好让使节的特权得到蛮族更大的尊重"（《高卢战记》卷一，33；卷三，16）。他处死了所有的长老，将其余的人卖为奴隶。

在爱杜依人闹暴动时，凯撒倾向于诉诸外交手段，尽管有正当的理由使用武力。"虽然凯撒完全了解他们是口是心非，但仍然尽可能对他们的使者表示和蔼，对他们说：老百姓的无知轻率，并没使他对这个国家产生什么看法，也没有减少他本人对爱杜依邦的好感。"[②] 凯撒在对待杜诺列克斯（Dumnorix）时再次使用外交手段。凯撒让其活下来主要是看在他的兄弟狄维契阿古斯的面上。第三个例子就是凯撒对两位军官的申斥。他们全然不了解自己的手下，士兵们对他俩提出了控诉（《内战记》卷三，59 - 60）。不幸的是，这件事被透露了出去，这两个人感到非常丢脸和懊恼，为了摆脱这一耻辱就跑到了对方的阵营中。尽管凯撒有所防范，但这件事的结果表明他没有把握好分寸。

普鲁塔克所言不谬。

---

① 《高卢战记》卷五，54；卷七，33。《亚历山大里亚战记》，33，66。
② 《高卢战记》卷七，43。我们可以说凯撒这样做可能出于政治原因，但我并不认为这能够完全解释得过去。

战士凯撒*

卡夫（P. J. Cuff）

未能培育出巨人的时代是一个可怜的时代。无论是时势造英雄，还是英雄造时势擅立僭政，天才都是历史舞台的主宰。巨人的功业留存于后世。没有令人忠诚和挚爱的品格，没有使可依赖的伙伴成为狂热的信徒、使仆人成为奴隶的魅力，再多的成功也无法让一个人从领袖中脱颖而出，像巨人一样驾驭着同代人。

对巨人来说，某些历史时刻要比别人感受到的更轻松，尤其是如果他们在战争中展示出自己的天赋。从苏拉到奥古斯都的岁月就是这样一个时代。其中有人能鼓舞别人充分意识到自己的价值，他不仅得到时代精神（Geist）的青睐，还得到了当时罗马社会结构的帮助。共和国已有死亡的兆头，而时代精神偏爱这一野心勃勃的事业。在共和国晚期，内战已不再悬于空中；在宪政的背景下，总督们奔赴行省，将军们赶往战场。要使内战成为现实，所需要的就是出现一个能够将自己的天才、野心与让士兵无限忠诚的能力结合到一起的人。

凯撒崛起为历史的巨人就归功于他做到了这一点。在凯撒生活的时代，仅仅有战场上的胜利是不够的，无论你赢得如何艰苦：罗马在过去几百年中已经给许多胜利者以荣耀。当必须要击

---

* ［译按］本文选自《希腊与罗马》（*Greece and Rome*），2nd Ser., Vol. 4, No. 1, Mar., 1957，页 29 – 35。

垮北部和东边的敌人时,统兵打仗虽然机会难得,但能带给凯撒的不过是一场胜利。将战场上的品质与才智相结合(这取决于雄心和天资),将士兵的忠诚用于自己的目标,正是这两点使凯撒入主罗马。

共和国正在死亡的痛苦中挣扎,马略已经表明如何削弱支撑着罗马少数人统治的旧忠诚并代之以将军与士兵的关系。在这个野心恒定不变、忠诚要精打细算的年代,作为将军的凯撒绝不会忘记他同时是位政治家。军事战略决不应与政治考虑相脱离。在马略之前,统治阶层通常是寻求有投票权的公民中跟随者的支持,军方尽管不是没有依附(clintela)的背景,但从没有主导过统治阶层。在共和国最后几十年,出现了一种新情况:那些想突破在贵族中的既定位置的人逐渐在军队之内而非外面寻求支持。这样随之而来的是革命性的影响,内战注定要爆发。一旦掌权者的根本势力成为军队,一旦支持他的资源习惯于用武力解决问题,不管怎样用法律形式和选举协议加以遮掩,内战都不再遥远,因为充分利用其支持者的野心很难得到控制。现在有可能将这些支持者融合到一起,他们不仅遍布各地,而且忠诚,拥有取得成功的最后手段,尽管其方式与日常的政治惯例有些不同。但仅仅由于这是融合的力量,是一支私家军队而非公共武装,仅仅由于这些自愿服役的人为统帅本人赢得了好处,盘算着自己在改朝换代中可能获取的好处,而不考虑国家对他们服役的要求,仅仅由于期望或迫使拥有政治家能力的司令意识到解散他的军队要赏赐充足的土地或钱财,一位将军或行省总督就会发现,如果他雄心勃勃,这支军队不仅愿意跟随他到天涯海角,甚至还能攻打罗马。这反过来迫使他必须采取某种特定战略,而无法自由选择。

因此,凯撒作为政治家和战略家、国务活动家和将军的结合出现不值得过多的思考;这件事本身也不需要惊讶。值得注意的是凯撒利用这些手段所取得的成功程度。他之前的人也拥有这些手段，但只有凯撒用它们达到了合理的（换句话说，在罗马共和国晚期是合理的）目标——攻占罗马。没人会忘记，同共和国晚期的所有将军一样，凯撒掌握的是一个战争机器，其基本成分是军团和辅助部队（auxilia），两种军队的指挥官都有很高的素质，接触过各式各样的战术。凯撒同其他人一样期望自己的行省军队充分了解罗马的军事传统，军官至少是百夫长能够把新招募的人迅速培养起来，达到令人满意的水平。

在处理他的军队时，凯撒表现出的创新能力对罗马军事组织的发展产生了决定性的影响。凯撒带兵的时期正是共和国军队从半发达不正式的专业化向全新的统帅模式过渡的时期。凯撒对罗马军队进步作出的贡献是在统帅下面创立了军团司令（legatus legionis）一职，使其成为军团的永久性首长，抑制军事保民官的影响，突出百夫长的重要性。在这种背景下，凯撒在《战记》中专门提到一些百夫长的名字并非毫不重要，巴古勒斯（Sextius Baculus）向指挥官建议对奥克多杜勒斯（Octodurus）发动反击同样如此。凯撒意识到，百夫长是罗马军团纪律体系的基础，即便百夫长有时会提出最高战术建议也不会妨害这种纪律。就军团的组织而言，凯撒使自己面临过分自信的指挥：在战斗序列里，老兵总是与新手分开，这样团队精神（esprit de corps）就被置于比经验共享还要高的地位，正如阿杜亚都卡（Aduatuca）战役表明的那样，这种做法并不总能产生最佳效果。

其他一些战术失误也不是不可以算到凯撒的头上。萨比斯河（Sambre）出现让凯撒惊恐的情况正是由于他自己的过错。在蒙达，凯撒就该受到打击，因为尽管形势对敌人有利，他仍然下令作战：救了他的是拉宾努斯的行动，而凯撒对此原本指望不上。一滴水的增加都有可能让洪流漫过堤坝（C'est la goute d'eau qui fait le trop – plein），凯撒通过这次小的行动占据了优势。还有，公元前55年的不列颠远征组织得也不好，由于军团和骑兵力量都不够，遭受灭顶之灾亦在情理之中。在第拉修姆（Dyrrachium），凯撒在庞培未出现纰漏时就急着进攻，结果惨败。对于罗马军队体系，凯撒的贡献是什么？是何种因素使凯撒取得了诸多成功，而又不用必须归于他的天资？

对此保持疑虑非常重要，但不必格外惊恐。凯撒在军事史上的地位并没有那么不牢固，以至于要由他人的错误或前人的发明来决定。凯撒对军队的影响日益增大并且持久不变，部分原因是他的运气（felicitas），西塞罗也曾称庞培的军事技能、德性、权威和运气达到了登峰造极的地步。凯撒在《战记》中并不是不乐于宣称他有赢得战斗的诀窍，但这样做就等于否认自己的战术能力。将军们意识到宣布某种鼓舞人心的事情是他们的优势，凯撒在这样一个时代并不落后。伟大的事件逐一呈现，在高卢、意大利、西班牙、希腊、埃及、非洲，乃至几乎整个罗马世界。凯撒作为战术家和战略家的素质，赢得和把握士兵忠诚的天分，肯定会让目睹这些大事的人浮想联翩。我们只需看一个策略，就能对他的天赋略见一斑。为了战胜高山部族，凯撒让一半军队占领制高点，抵达后开始高声呐喊，剩下的军队在下面回应，这样四面环山都发出回声，把部族战士吓得心惊胆战。当双方实力相当时，凯撒就亲自出马，把自己的权威（auctoritas）投入较量，用个人干预来扭转战役的形势。在萨比斯河打击纳尔维人（Nervii）。凯撒在组织联合行动时的天才给人留下深刻印象，无论是在布列塔尼（Brittany）和诺曼底（Normandy）的军事行动，还是对不列颠的进攻。凯撒的组织能力受到了尊重，即便有时供应体系被切断——比如维钦及托列克斯反叛之初。敌人常常由于交通线存在故障而停止进攻，凯撒却能存储粮食、组织运输线、采取措施保证特派员能顺利工作。凯撒的侦察人员工作非常出色，他利用自己对当地地理和经济情况的掌握加以补充。冬季大营得到了聪明的利用，在高卢行动早期，无论休整还是防御，凯撒都充分意识到细节的重要性并展示出把握细节的能力，这是区分高手与新手的关键。在莱茵河上架桥的工程技艺，在诺维奥洞纳姆

（Noviodunum）和阿来西亚的围城创举，都不过是凯撒创造天赋的产物。高卢和内战中的每一次战争都对此有所展示。

凯撒能够在亚历山大港纵身入海，能够在战斗中以身作则，能够紧紧抓住军队的注意力——以至于拉宾努斯在打击康慕洛勤纳斯（Camulogenus）时敦促战士们要像凯撒亲自在场看着他们一样打仗并且成了非常有效的阵前号令。凯撒善于吸取战略战术教训，还能使军队对他保持最大限度的忠诚和献身精神。凯撒不是琉卡拉斯（Lucullus），后者不是位有天赋的将军，因为他不知道如何赢得爱戴，结果士兵的表现不尽如人意。凯撒首先采取的措施是将士兵们吸引到自己的光环下，然后巩固自己与手下的关系，这都值得效法。这些措施表明凯撒是最令人自豪的榜样，这位斗士赢得了新的更有力的跟随者，从而能与罗马的老将相匹敌。

凯撒进入行省时统帅着四个军团。到高卢行动结束内战爆发前，他已拥有不少于十个军团——尽管公元前55年损失了十五个步兵大队（［译注］一个步兵大队相当于军团的十分之一），还有两个军团转到安息作战。在山内高卢行省招募兵源使凯撒的军队达到了这个数字。无论是否有公民权（即使其公民权有疑问），来自这一地区的士兵都会发现他们的司令官是希望之源。与曾参加同盟战争（Social War）① 的老同盟相比，他们没有什么特权，但跟随着凯撒，他们作为胜利者最终将与意大利的罗马人平起平坐，正如意大利人所做的那样。凯撒同样迅速意识到，这支军队里的大部分人来投奔他是为了高卢战争结束后能得到公正的安排。士兵的期望与凯撒的雄心结合到一起必然带来的结果就是跨过卢比孔。

这些新战士（新是从他们本不具备到军团服役资格的意义上说的）被管教和塑造成一支只知有凯撒不知有罗马的军队。凯撒培训士

---

① ［译按］意大利国家对罗马的最后一次反叛，时间为公元前91年至88年。

兵的种种方式都最清楚地表明他作为将军、政治家以及两种角色混合体的才能。凯撒不得不担心的是，他的军队可能会无法控制，可能对被遗弃感到不耐烦，可能对没有尽头的高卢战争心生厌倦，可能会以公开兵变的形式表达他们的不满。1810年困扰惠灵顿的管理僵化问题对凯撒并无妨碍。惠灵顿曾写信谈及英国军队纪律糟糕的起因是"想要统帅借权力予以回报"。但凯撒可能会对指挥距离的拉长感到不舒服，除非相信军队做好等待的准备。

由于凯撒对部队的控制，士兵们在整个高卢行动期间都对他保持忠诚，除了在维松几阿（Vesontio）由于错误的解读而造成的一次兵变，士兵们脑子里满是对日尔曼人的恐惧。像在及尔哥维亚这样惨重的损失——有五十六名重要的百夫长牺牲——都没有威胁到这种忠诚。后来也有兵变发生，如在普拉孙喜阿（Placentia），但凯撒胜利结束内战的事实表明：忠诚可能动摇过，但从未变成盲目的仇恨。凯撒毕竟不是被军团暗杀的。

战场纪律决不会自动服务于凯撒的野心。军队的热望必须要得到适度扼制，尽管可能会为凯撒赢得罗马。突破战线的军团会受到凯撒的责骂，像惠灵顿一样，他知道士兵恪守本分的重要性。离开战场，凯撒会温和一些，能欣赏属下的品质，相应地迁就他们。放纵军队劫掠刚菲（Gomphi）就是法萨卢斯战役前的一个重要事件。不过，凯撒从未放松过控制，他了解自己的人并采取相应的措施。军队毕竟发过誓效忠他，誓言作为军事饰品很适合凯撒生活的时代。公元前三世纪，没有服役传统（由于缺少财产而没有资格加入军团）的人需要在军官的引导下发誓在战斗中恪守阵地，此外还要交纳抵押。到公元前一世纪，尤其是内战时期，提醒士兵效忠于谁是很有用处的，特别是当他们改换阵营，归顺得胜的将军时。凯撒对此非常了解，他在打败阿希诺巴包斯（Domitius Ahenobarbus）后的措施就表明了这一点。将誓言作为建立私人军队的重要内容不仅仅是一小步。发誓遵守长官命令，做任何要求做的事情，在战斗中不惜代价死守阵地，如果将军想利用军队达到自己的目的，这些都是他可以利用的品质。服从是培养出来的有效素质。因此，十三军团在内战之初的口号再自然不过了，他们宣称元老院忘恩负义，并宣称将为凯撒及其支持者遭受的不公正复仇。士兵首先问自己的问题是"为凯撒而战还是为庞培而战"，为罗马而战的选项并不存在。在这样一个时代，统帅利用军事誓言来巩固对自己的支持为进攻罗马做准备，是同样自然的事情，正如凯撒在这方面的出色作为。

正是通过这些措施，凯撒率领着军队或者说让军队簇拥着他进入了罗马。尽管在高卢经受了八次繁重的军事行动（stipendia），军队仍对凯撒忠心耿耿。凯撒辉煌的经历无疑帮助他度过了与日耳曼人交战和萨比斯河灾难这样的困难时期。他的手下有充分的理由期望，一旦到了罗马，凯撒会用大量的土地来报答他们，正如他曾回报庞培士兵那样。这种对战利品的新解释（对马略之前的罗马世界来说是新的）本身就意味着，约束军队的几率增加了。现在的问题是任何实现承诺的拖沓或低效而非严苛的纪律都可能导致哗变。据说凯撒曾把军队的报酬翻了一番，这会安抚那些只想着回报的狭隘之徒。

不夸张地说，凯撒为实现自己的目的对罗马军团的操控达到了极致，自马略招募志愿者以来，这种行径就一直证据凿凿。留给奥古斯都的就是将其融入到元首制背景下的稳定状态。凯撒在军队中创建并验证了士兵对统帅的依附感，帝王们则利用这种情感来达到自己的目的，这样说同样不是夸大其词。忠诚于凯撒是公元一世纪的口号，它在公元前一世纪就已是事实，这绝非偶然。军队的忠诚（Fides exercituum），这句元首制时期著名的硬币铭文脱胎于凯撒与军队十年间在高卢及其后的战斗中建立的关系。在十多年的时间里，凯撒有着独一无二的机会来加强他与这支军队的关系；凯撒抓住了机会，而元首则吸取了凯撒的教诲。凯撒没有赢得幸运或伟大的称号。当他将自己的名字遗赠给帝王们并取得了对手难以匹敌的名声时，凯撒也不需要这样的称号。

凯撒《高卢战记》对演说辞的使用

墨菲（Charles T. Murphy）

我们分析的起点是洛德（Lord）教授在修昔底德讲演文集中的即兴评论。这本书很有趣，常常能激发人的思绪，但也有些随意的言论（obiter dicta），其中有些需要进行核实。下面是洛德教授在如何撰写历史的开篇中对凯撒的评论：

> 凯撒在罗马史家中独树一帜，他那清晰锐利的头脑使之在史学家中同在政治家或将领中一样卓而不群。凯撒边写边学，逐渐学会如何写作，确为事实。没有一部古代作品像《高卢战记》前几卷那样凌乱不堪，其中有大量没有消化的间接引语。凯撒慢慢地学会如何避免。等到记述完四次军事行动时，一位百夫长已能直接说两句话，在凯撒《高卢战记》（卷七）中值得注意的是几段以直接引语所做的发言。①

在脚注中，洛德教授补充说"我对凯撒早期作品的批评是严肃的"。我现在对他的批评也是严肃对待，即使这样做可能会使本文沦为对脚注的脚注。

---

① Louis E. Lord,《修昔底德与世界大战》（*Thucydides and the World War*, Martin Classical Lectures, vol. XII, Harvard University Press, pp. 4–5）。[译按] 本文选自《古典杂志》（*The Classical Journal*）, Vol. 45, No. 3, Dec., 1949, 页120–127。

我认为，对凯撒风格的这种评价存在一个严重的缺陷。它假定大篇幅地使用间接引语是粗糙叙史风格的标志，凯撒通过写作经验的丰富学会如何避免间接引语，从而使用直接引语。这就是假设说，凯撒年近五十开始写作战记时①其文风仍未定形，尽管凯撒有半生是在演说学校和罗马政治辩论中度过的。我们且对此忽略不计。在卷四之前直接引语的确并未出现，之后凯撒对直接引语的使用非常小心，卷七也确实有两处（而非多处）以直接引语出现的长篇幅演说辞。② 不过，凯撒同时并未避免使用间接引语：稍加计算就会发现卷一中有十一处转引的发言，而卷七有八处转引的发言。通过分析凯撒对于内战的记述，我们会找到最为明确的论据，《内战记》显然要晚于《高卢战记》前七卷。篇幅所限，我无法对整部作品进行分析，只能是粗略地梳理前三卷，人们都承认这三卷出自凯撒之手。我们会发现：在 23 次发言或会谈中，有 18 次是转引的或间接的，有 5 次是直接的。③ 这表明凯撒在叙述中使用间接引语并非缺少经验，而是精心的选择。我们别纠缠于洛德教授的即兴评论（这只是本文的一个起点），现转向问题本身：凯撒为什么在记叙中使用这样一种棘手繁杂的方式来陈述演说辞？这种方法写起来和读起来毕竟要比直接引用的演说辞困难得多。

---

① 《高卢战记》成文的具体日期并不影响本文的论证。战记是否全部写于公元前 52 至 51 年，或按章节发表后影响不大。关于这一问题，见 Norman J. DeWitt,《凯撒战记的非政治本质》（The Non – Political Nature of Caesar's Commentaries, TAPA, 73, 1942, 341 – 52）。

② 较长的间接引语演说辞中也会插入一两句直接引语（7.10）。

③ 以第一人称所做的演说辞有库里奥（2.3）、庞培（3.86）和拉宾努斯（3.87）。还有几处以直接引语方式出现的言辞，但很难称之为演说，如（3.64）捐鹰帜的旗手所说的话。

为历史提供"素材"

在我看来,问题的答案在于凯撒所写作品并非史书,而是战记;不是文学性或修辞性的历史,而是为历史提供素材的汇编。标题本身就说明了这一点,而且凯撒的两篇战记及其亲友也提供了明确的佐证。凯撒的副将伊尔久斯在《高卢战记》卷八引言中说:

> 这部《战记》的出版,虽说是要使史学家不致缺乏有关这些伟大事业的知识;但它博得的众口一词的赞扬,反倒弄得史学家好像失去了一个机会,而不是得到了一个机会。

拉丁散文大师西塞罗在《布鲁图斯》中做了类似的评论,人们在将凯撒的文风斥为拙劣、难读或"凌乱"之前,应从整体上来理解西塞罗的这段话。布鲁图斯说:"我读凯撒的几篇演说辞和他就亲身经历写的战记。"西塞罗答复说:"是的,它们值得人们尊崇,不加修饰、朴实迷人(nudi, recti, et venusti),剥离了所有修辞装饰的外衣(omni ornatu orationis tamquam veste detracta)。凯撒希望别人书写历史时将之作为素材,只有傻瓜才会接受这种帮助,用生硬的手法来修饰这些记述。聪明人宁愿避而不写,因为对历史的记述没有什么比优雅的简洁更令人感到愉悦了"(Brutus 75. 262)。

因此,凯撒战记的目的是为未来的史家提供"历史素材",即便有人说试图修改凯撒对故事的叙述是轻率之举。

历史中的演说辞

这些情况大部分众所周知,许多拉丁文学手册及凯撒的众多战记版本都已提及。我脑海里却闪过一个新念头，即所有古代文字历史，自希罗多德和修昔底德以降，都包含两个重要的因素：1、对事件的叙述；2、事件参与者的演说辞。这些演说辞是为了让读者更全面地了解历史人物的行为以及作者自己对事件乃至其历史"哲学"的解释。因此，如果凯撒真想为未来的史家提供撰写历史的素材，他必然就不仅要写出事件，还要有演说辞。没有演说辞，古典历史将是不完整的，而凯撒由于文学形式而无法使用以直接引语表达的修饰性或文学性演说辞。我们还记得修昔底德就自己史书中演说辞的可靠性所说的话：

> 有些演说词是我亲耳听到的，有些是通过各种渠道得到的。无论如何，单凭一个人的记忆是很难逐字逐句记载下来。我的习惯是这样的：一方面使演说者说出我认为各种场合所要求说的话，另一方面当然要尽可能保持实际所讲的话的大意。(I.22，徐松岩译文，广西师大出版社，2004)

与之类似，凯撒似乎可能也是在向未来的史家暗示，有些是各种场合所要求说的话，有些是实际所讲的话的大意。我于是重新阅读间接引语中较长的片段，看看它们是否担负了古典历史中演说辞通常具有的职能，是否用可以辨识的修辞形式加以掩藏，尽管这些片段都简洁扼要。

我们先简要分析一下其他史学家使用演说辞的方式。第一种是在公共会议上的商讨或争论，旨在让读者了解历史剧中各角色的动机或信念。修昔底德非常娴熟地使用此类演说辞来表现当时被普遍接受的观念如何对政治行为产生影响。接着是将领对士兵的训辞，这能揭示出他们为之奋战的各派力量的信念。还有就是"辞藻华丽的"或庆典式的演说，如修昔底德作品中伯里克利的葬礼演说辞。最后一种是史学家根据场合所写的法庭辩论或辩护辞。这种辩护辞有时是置于正式判决的背景中，如修昔底德史书卷三中底比斯人和普拉提亚人在斯巴达法官面前所做的辩护。读过李维的人会联想到当豪拉提乌斯（Horatius）由于杀死妹妹受到审判时他父亲充满深情的辩护（I. 26）。

除了辞藻华丽的演说辞外，其他几种类型都在凯撒《高卢战记》中出现。我近期重读了一次，发现前七卷中有 29 个修辞片段值得研究。①在这 29 个片段中，只有两个完全是直接引语（7.38 和 7.77）。还有几个是从间接引语转为长度为一句或两句的直接引语，通常在演说辞的高潮或结尾。绝大部分片段（总计有 20 个）都是协商性的，罗马修辞家们称为劝导（suasio）和劝阻（dissuasio）。② 有四个片段是军事演说，凯撒本人称之为对士兵演讲（contio, 1.40；7.14、52、66），还有四个从本质上讲属于辩护辞（1.20、31-2；2.14；7.20）。有一个片段很难依通常的修辞规则归类：在卷一 30，高卢首领们祝贺凯撒战胜厄尔维几人。演说辞开始时像庆典式的赞美辞，结尾却是请求缔结一个普遍性协定的陈情书。因此，从职能上看，它至少是另一类劝导辞。

叙事中的演说辞

我们挑选几个例子来看这些演说辞是如何穿插到叙事中。典型的一组协商性演说辞是与阿里奥维司都斯的谈判（I. 43 和 45）。凯撒想劝说阿里奥维司都斯不要攻打高卢人，不要再让更多的日

---

① 我省去了短的片段，还有那些介绍某人思想而不是言论的较长段落。检验一个片段的标准就是看它实际上是否作为演说辞使用。有些片段介于取舍边缘，如 I. 35-36 中与阿里奥维司都斯初步交流那样的外交谈判，很难说那是一个演说辞，还是一封信。由于这些片段往往用修辞手段加以遮掩，我把它们都视作演说辞。

② 这些片段是：1.13、14、35、36、43、44、45；2.31；4.7、8；5.27、28、29、41；7.1、29、37、38、54、77。

尔曼人跨过莱茵河。① 凯撒开始先讲他过去给予阿里奥维司都斯的好处，这是一个很好的开篇。接着凯撒话锋一转谈及他的立场：罗马人肯定会支持爱杜依人。之所以采取这种立场是因为罗马人与爱杜依人长期的友谊，爱杜依人在高卢的领导权大家都认可，罗马人支持朋友掌权的传统。凯撒在结尾又重复了他前面所说的要求（I.35）：阿里奥维司都斯不能对爱杜依人发动战争，要交还他们的人质，不再让更多的日耳曼人跨过莱茵河。阿里奥维司都斯的答复为自己的行为做了辩护，夸耀所取得的成就，还对凯撒加以威胁。在凯撒看来，这显然既天真又自负，他罕见地开了一个讽刺性的玩笑："阿里奥维司都斯对凯撒的要求回答得很少，却对自己的勇敢大加吹嘘。"不过，阿里奥维司都斯的演说辞也编排精当，生动有力。他开始是对凯撒指责的一系列答复，然后攻击说凯撒本人及罗马侵占了本属于他自己势力范围的领土，最后表示罗马有许多人乐于看到凯撒死掉，并提出一个极其幼稚的酬报，让凯撒在高卢自在随意地打个胜仗。凯撒的答复重申了他的立场，反驳了日耳曼人对高卢的领土要求，但被日耳曼骑兵的进攻所打断。这一组演说辞不仅是为凯撒进攻阿里奥维司都斯作辩护，而且是要展现日耳曼首领的特点，揭露敌人的动机、信仰及主张，而凯撒认为这些对于罗马在高卢的利益是危险的。对于一位史学家及支持其观点的读者来说，公正地对待敌人的感情和主张总是很难。敌人口中的演说辞可能巧妙地实现这一目的，同时又不伤害罗马人的感情。同样，在 5.27，公元前 54 年的大起义时，一位高卢首领安皮奥列克斯（Ambriorix）在劝导中敦促凯撒的使节把军团撤出冬季大营，称他无法反对整个部族的统一意志，整个部族也无法反对所有高卢人的普遍意见。无论

---

① 在凯撒与阿里奥维司都斯的谈判中，总计有五个演说辞。由于罗马元老院把日耳曼首领看做"国王和朋友"，凯撒做如此详尽的介绍可能是为自己辩护，说明为何对友好势力采取严厉措施。

其背叛的理由是否属实，这都揭示出政治协议在高卢有本质上的不稳定性。最后，在卷七，凯撒记述了高卢人鼓励相互起义的一些演说辞。他在这里也是用这些演说辞来展现高卢起义的动机和信念。高卢首领都把罗马统治看做是无法忍受的奴役。

对士兵的演讲不需要什么评论，因为这些演说辞在叙事中的职能和联系显而易见。最出色的士兵演讲都是凯撒自己做的，卷一40申斥百夫长，消除在士兵中间蔓延的对阿里奥维司都斯的恐惧；卷七52指责部队未经授权就进攻及尔哥维亚而且铩羽而回。如有人希望知道在不伤士气的前提下如何斥责部队，这些演说辞都是范例。维钦及托列克斯对军官做过两次类似的演说（卷七14和66），读者能够从中了解高卢人接下来的战略和战术。

四个辩护辞有三个是凯撒的高卢朋友所说。狄维契阿古斯请求宽恕其不忠诚的兄弟（I. 20）；阿里奥维司都斯本人就对其所犯罪行的指控（I. 33）向凯撒所做的答复（I. 44）；① 恳求饶过反叛的俾洛瓦契人（Bellovaci）。最为著名的辩护辞则是维钦及托列克斯在阿凡历古姆起义后面对背叛的指责时所做的演说（7.20）。凯撒将这一辩护辞放在正式审判的背景下，指控像法律条文一样简要：

> 被他们指控为叛徒，因为他不但把营寨移近了罗马人，而且带走全部骑兵，走的时候又没指定一个统帅，让这么大的一支军队留在那边没人统率；特别因为在他一离开之后，罗马人就利用这个极好的机会迅速地进逼他们。

---

① 凯撒在这里使用了其他史学家也用过的手段：假定另一位发言者也了解读者熟知的演说辞内容，即便他并未亲耳听到头一次演说。在修昔底德 I. 140 – 144 中，伯里克利似乎就已知晓 I. 120 – 124 中科林斯人在斯巴达的演说。

在清晰严密的演说中,维钦及托列克斯先是按顺序答复了这四项控告,然后充满感情地否认任何接受凯撒颁授高卢王位的想法。与其遭受这种质疑,他宁愿辞去他们赋予自己的领导权。维钦及托列克斯接着提供一些伪证,教给几个被抓获的奴隶说他们是罗马士兵,描述出罗马军队和营寨中悲惨的几近绝望的情形。① 维钦及托列克斯接着自然地陈述自己在把敌人引入如此境地方面所做的工作。这一出色的演说立即得到了赞同:集会的高卢人齐声叫喊,敲击武器,宣告他无罪。

修辞形式

这些例子应足以让人知道什么是演说辞,在何时使用,在叙事中承担何种职能。下面我们简要地看一下它们的修辞形式。凯撒花心思使其讲辞雅致精微,这既体现于他对各演说辞成分的认真布置,也体现于对修辞题材的使用或者说措辞(loci communes)。换句话说,对后来的史家而言,凯撒完成了演说家五大任务中的两项。这五项任务是:1. inventio,表明要讲的内容;2. dispositio,有效编排各成分;3. elocutio 或 ornatus,以适当的或修饰性的语言加以润色;4. memoria,辑录;5. actio,将演说辞纳入到辑录中并予以发表。由于史家对后两项并不关心,我们可以说凯撒留给后人的只剩下第三项,elocutio 或 ornatus。这也与西塞罗的评述相契合,战记"剥离了所有的修辞形式"。

在几乎所有的演说辞中,我们很容易找到罗马演说辞通常具有的成分:绪言、叙事(如果需要)或陈述、论证、结语。实际上,有些演说辞只是光秃秃的大纲,每个成分仅一两句话。读者可能看到这种顺序会有些出入。如果单独有一节反驳对手的争

---

① 如果维钦及托列克斯真的有时间安排这种欺诈,这可能就是一次真正的考验,凯撒并不是把这仅仅作为正式的文学手法。

辞，凯撒往往将其放在论证的前面而不是像修辞手册建议的那样放在后面。有些作战会议中的演说辞没有绪言，可能是因为商讨的主题众所周知，发言者都是军人，不愿为客套寒暄浪费时间。还有一个有趣的例子，凯撒撒掉其他成分，只留下演说辞的结语。在卷4.8，日耳曼的乌尔彼得斯（Usipetes）部族和登克德里（Tencteri）部族提出请求，希望凯撒为他们找块土地，在高卢定居。凯撒做了一番"恰如其分的"答复，"他这番话的结论是这样的"。然后提出具体的建议，作为整个演说辞的结语。未来的史家可以根据场合来编排自己的演说辞，或者是否可以假定凯撒漏掉了自己的一些记录？

常用修辞

常用修辞方式的使用在演说辞的开头与结尾最为明显。同时代的修辞手册，如《修辞学》（*Ad Herennium*）和西塞罗的《论创造力》（*De Inventione*）①，都告诉我们说绪言的职能就是让听众"心生善意、精神集中、易于教诲"（benevolos, attentos, et dociles）。在这三项任务中，第一个是最为重要的。《修辞学》的作者提及多种让听众产生好感的方法，其中又有很多在凯撒作品中可以得到印证。比如，"如果能不带丝毫傲慢地提及自己做出的努力，我们就应会让人心生善意"（Ad Her. I. 5. 8.）。凯撒两次向阿里奥维司都斯讲话时都先礼貌地说到先前给予后者的好处。还有，"如果我们提到自己的麻烦、无助、孤立或悲惨，然后再请求援助（就会让人心生善意）"（前揭）。在凯撒战记中，狄维契阿古斯发言指控阿里奥维司都斯前，高卢人先跪倒在凯撒脚下，说他们肯定会受到严酷的惩罚，除非凯撒能施以援手。与之类似，卷7.1中高卢人发表敦请起义演说前先强调很快就会落到他

---

① 我提到的这两部作品凯撒在早年是有可能读到的。

们头上的悲惨命运。还有"如果提及他们的勇敢、睿智或仁慈，听众也会心存善意"，即通过明智的恭维来博得好感。在卷一30，高卢人给凯撒的贺辞先以其为高卢所作的贡献开头。卷二31 有一个更为直接的令人忍俊不已的恭维。被围的阿杜亚都契人（Aduatuci）向凯撒提出条件，他们愿意投降，但希望能保留武器。他们开头所讲的是，罗马人作战时肯定有神灵相助，所以才能把这样高大的机械迅速地移动到就近来作战。

"痛哭流涕"

结语通常包含概要（enumeratio）、详述（amplificatio 或 indignatio）和宽悯（misericordia）。从其文风简洁的角度来看，凯撒对扼要重述从未费过神。详述的例子也不多，但在演说辞的结尾有很多旨在激发听众同情或义愤的努力。好动感情的高卢人常常痛哭流涕以感化凯撒。有一次，同胞的号啕恸哭打断或者说支援了狄维契阿古斯（他肯定是个老练的"哭手"）的演说（I.31）。这种把戏早在希腊人的法庭上就出现了，阿里斯托芬在《黄蜂》中做过戏谑模仿（975–984）。正如修辞手册所说"如果我们列纲举要，表明得不到支持会出现什么样的后果"，人们就会产生怜悯之心（Ad Her. 2. 31. 50）。在前面提及的演说辞中，狄维契阿古斯说如果凯撒不帮助，所有的高卢人将不得不流离失所。此外，我们还可以"通过比较表明以前曾享受过何等的富足，现在以怎样的不幸"来博取同情（前揭）。高卢人的起义演说（7.1）讲他们从父辈手中接过的是荣耀与自由，而现在却置身于奴役之中。最后，我们可以说明"由于不幸，我们的父母、子女和其他亲人将遭受什么样的灾难"（前揭）。在演说中（7.14），维钦及托列克斯努力说服高卢人接受自己的"焦土"战术，他以这样的话作结语：

这些措施看来很残酷、很痛心，但他们应当考虑到，作为征服者必然的下场，他们的妻子儿女会被拖去奴役，他们自己会被杀死，要比这更惨痛得多。

与这一题材相关，撒路斯特有一段介绍凯撒在元老院就喀提林同谋者的命运所做的演说。这一演说当然是撒路斯风格的，但论证很有可能是凯撒自己的，我们可以将其看做是凯撒实际演说唯一留传下来的样本。在演说中，凯撒有针对性地嘲笑对手发言中常用的修辞方式：

> 在我之前发表了自己意见的人们，大多数都以完美和崇高的词句对共和国的命运表示了惋惜之情。他们列举了战争的恐怖情景以及被征服者会遭到的苦难，少女和少男遭到蹂躏，小孩子们从他们的双亲的怀抱中被夺走，家庭的女主人要屈从胜利者的意旨，神殿和家宅遭到劫掠，还有杀人放火的勾当……但是，不朽的诸神在上！他们讲这些话的目的是什么？（《喀提林阴谋》，王以铸译文，商务印书馆，1996，页137）

凯撒完全知道目的何在，他列出维钦及托列克斯演讲的概要，暗示未来的修辞史家会用丰富的演说修辞手段对之加以润色。

最后一个问题是凯撒为什么在卷七打破常规用直接引语的方式介绍两个演说辞？其中一次是年轻的爱杜依贵族李坦维克古斯（Litaviccus）所做的演讲。他率领一万士兵到及尔哥维亚支援凯撒，（经与爱杜依其他首领的约定）停止进军并煽动他们离弃罗马人，转投反叛的高卢人一边（7.38）。另一次是阿浮尔尼（Avernian）部族的克里多耶得斯（Critognatus）的演说，当时阿来西亚城内的高卢人几乎弹尽粮绝。这两次演讲有一个共同点，即凯撒都没有亲耳听到，由其他人转述，转述者可能是叛逃者或囚犯。凯撒让我们明白他给出的并不是一字不差的原话，而是做了后世史家将对其作品要做的事情——采用演讲的内容，赋予其好的修辞形式。除了使之富于变化的单纯愿望外，凯撒似乎没有更令人信服的理由这样做，但凯撒也可能在暗示未来的史家如何处理自己战记中的演说辞。①

对一个完整的演说辞做简要分析可能会充分展现出凯撒的修辞方法。我们看一下卷七的第一段，高卢领袖们在密林深处举行商谈。相关的文本以下面的顺序展开：

一、绪论

他们对阿克果（Acconis）的死愤愤不平，指出说这种命运迟早也会落到自己头上来。他们对高卢的共同命运感到痛心。

二、陈述

不惜用各式各样的诺言和报酬征求有人站出来，带头发动战争，为了高卢的自由，就是冒生命危险也在所不惜。

三、论证

最重要的事情是必然在他们的秘密计划传出去以前，设法先把凯撒到军中来的路截断。

这是一件轻而易举的工作，因为

（1）统帅不在，军团就不敢随便离开营地；

（2）统帅没有强有力的警卫，也不能赶到军团这边来。

四、结语

他们最后宣称说：丧失在战斗中，无论如何要比不能恢

---

① 我们注意到，《内战记》中以直接引语出现的这五次演说凯撒可能都听到过。凯撒唯一一次直接引用自己的话是在《内战记》3.85 中在法萨卢斯战役前鼓励战士的几句话。

复旧日能征善战的声誉和继承历祖相传的自由好。

凯撒把这些话分为四个常见的部分，列出了一个完整的演说辞。绪论通过让人可怜一位爱国者悲惨的命运来获得同情与好感（benevolentia），同时谈到所有高卢人的命运以便让听众"精力集中"（attentos）。① 陈述就是呼吁行动起来，对那些首先发动起义的人承诺予以报酬和协助。这一部分的结尾是充满感情的呼吁："为了高卢的自由，就冒生命危险也在所不惜。"论证是以起义将会成功为前提，如果他们立即采取行动截断凯撒回军团的路，并举出两点证明这件事很容易做到——这是另一种常用的修辞方式：在协商性的演说辞中，演讲者应表明他所支持的事业是"正义的、合法的、有利的、光荣的和容易的（或者如果并不容易，至少是可能的）"。② 结语是号召人们宁可在战斗中光荣地战死，也不要丧失先人留传下来的荣耀与自由，这也是一种修辞方式：以先人取得的成就为例称道祖宗。这就是凯撒向后世史家展现的素材，人们很容易就会想到反过来如何对其进行修饰。③

我认为，凯撒以间接引语的方式所写的这些段落，还有纲要性的演说辞，都着眼于未来史家撰写其成就时的需要。这些文字精心排列，照顾到了行文顺序或者说 dipositio，还有修辞题材或者说 inventio。无论读者是否赞同我的观点，我都无法下断语。但我并不对证明论点感兴趣，只是想促使拉丁教师们脑子里带着这些修辞问题重新思考凯撒的这些段落。这可能说明在学校研究凯撒会有一种新的价值：我深信凯撒是位令人钦佩的作者，不仅是由于其对战役、战略和围攻的记录，更是因为他向年轻人展现出

---

① 比较西塞罗《论创造力》，I. 16. 23：如果我们说主题"是大家最为关注的事情"（ad summam rei publicae pertinere），就会使人们的注意力集中起来。

② 伪亚里士多德，《亚历山大修辞学》（Rhetoric to Alexander, Ch. 1）。

③ 有一位听我讲过本文的人建议说可以把其中一些片段改写为简单规范的拉丁文直接引语，便于大二学生阅读。对于想练习拉丁作文的人来说，这是件好事情。

如何以一种清晰严密、前后一致、有说服力的方式表达自己的想法。我接触的大学新生越多，就越觉得现今的学生迫切需要加强生动明白地表达（更不要说准确了）自己的能力。就此提供指导一直以来都是古典学的重要职责，我认为凯撒战记在这方面可能会做出重要贡献。

凯撒叙述风格的演进

施利策（J. J. Schlicher）

对于凯撒在纪事著述方面的前辈，现代人知道得微乎其微，无法就他们的风格得出详尽的结论。我们只能肯定地说，西塞罗及其同仁对他们的评价都不高。这些人与希罗多德的前辈都归为一类（De or. ii. 51-54）；即便承认自安提帕蒂（Caelius Antipater）起技艺有所提高，西塞罗提到一些纪事家时也主要是为了讲他们的缺点（Leg. i. 5-7）。不过，他们不仅仅是前辈，从某种意义上讲，他们是凯撒真正的先行者。对安提帕蒂作品的引用，尽管往往不会超过一句话，有几处还是足以就此提供明晰的证据。如果将安提帕蒂的语言与四五十年后的夸第加西乌斯（Claudius Quadrigarius）和斯森纳（Sisenna）相比，我们能够看出变化的痕迹，这种演变在凯撒身上达到了顶峰。

这一点可以通过他们一个简单的文风特征得到解释。历史著述的一个主要问题是如何表述烘托形势的不同事件或行为，表现的手法既要保留它们的顺序，还要明示彼此的关系及相对重要性。为实现这一目的就形成了一种叙述句式，五十年后才出现由主动词（dominant verb）表述行动，主动词的前面是一个或多个初级辅助性事件，每个事件又都由一个分句或短语表述。在当时，这是一种自然发展。西塞罗在《论演说家》（De oratore iii. 198，公元前91年）中说掉尾句（periodic sentence）是罗马近期的一次冒险。由于掉尾句新颖有效，它很快就取代了早期编年史家那种生硬单一的句式，我们对此并不感到奇怪。① 在凯撒总计大约 2530 个叙事句中掉尾句占据了相当强的主导地位，有多达 2170 个主动词，每个主动词前面都有一个或多个短语或分句来表述初级辅助性事件或背景。② 这些句式在演说辞和描述性段落中则少得多。与叙事段落相比，它们的比率是 3 比 8，而且简单得多，很少有一个以上的初级短语或分句。

虽然首先打动我们的是叙事散文（主要是在凯撒作品中）的这一特点，早期作家如斯森纳很可能预见到凯撒在写作过程中文风的发展。《高卢战记》开篇的语言与后面相比相当保守。随着不断向前推进，凯撒融入了大的叙事潮流，更多地使用分词代替分句。旧的文法在官方和半官方的报告中显然仍在持续，比如总督记录其行省一年活动的报告。以西塞罗任总督期间的几封信函为例，《致友人》（Ad familiares）XV.1 和 2 是写给地方官员和元老院的。第一封信七个叙事句中有五个初级分句，两个独立夺格，但没有分词。第二封信十一个叙事句中有九个初级附带从句、两个独立夺格和三个分词。第四封信是写给卡图的，至少属于半官方信函，二十二个叙事句中有十五个时间从句、十四个独立夺格和五个分词。这些信函的语言极其僵硬单一，与西塞罗往常的风格差别很大。这不是文风的问题，而是官方报告的惯常术语，同其他官员行为一样，其特点是清楚规范。

据我们掌握，凯撒写作的这段时间不足十年半，但这恰恰是政治剧变的时期，也是热烈谈论文学形式的年代。讨论中第一个也是最重要的事件是西塞罗《论演说家》在公元前 54 年的问世，当时他与凯撒的关系正日益密切。在此期间，昆图斯（Quintus

---

① 西塞罗谈及的这一时期与历史相符（Or. 207）。[译按] 本文选自《古典语言学》（*Classical Philology*），Vol. 31，No. 3，Jul.，1936，页 212-224。

② 有一个句子算作一个时期的延伸或者说下一时期开始前的终止符。主动词可能在主句中也可能在分句中。

Cicero）到高卢担任副将，西塞罗给他兄弟的信函全面记录了三个人的关系及共同兴趣。西塞罗的信件经常提及文学作品，完成的或计划中的，谈到昆图斯在此期间所写的五幕悲剧，还评论了两位诗人和两位史家的作品。西塞罗本人就自己所处的时代写过一首诗并征求凯撒的意见（Q. Fr. ii. 16.5），很久以后还写了一首诗庆祝凯撒远征不列颠。凯撒写《论类比》（De analogia）题献给西塞罗，西塞罗（Brutus, 253）说这部作品引言中的一句话明显指的是《论演说家》。凯撒显然读过《论演说家》，题献给西塞罗所使用的语言至少是作为对《论演说家》重要意义的赞美。①

凯撒对当时的文学创作有很大的兴趣，如果这一点证据确凿，我们可以假定这种兴趣不会与凯撒自己的战记创作毫无关联。撰写战记时运用的风格——朴素、直率、雅致，没有采取任何修辞手段——是凯撒的精心选择，因为它们不是通常意义上的战记，并非对文学形式没有任何要求（Bratus 262 和《高卢战记》卷八引言 5）。《布鲁图斯》261 告诉我们说凯撒在演讲中使用了修辞手法。

《论演说家》的一个基本假设是，由于掌握了广泛多样的素材以及职业赋予自己的魅力，演讲家必须要精通完成这一任务所需的所有表达方式。他要掌握所有的雄辩技巧，让各个知识领域的人对他们翘首以待。在卷二 33ff. 中，安东尼（Antonius）对此做了详尽的阐述，但有一点令人奇怪。安东尼没有讨论哲学家、法学家及其他人的修辞风格，而是把历史作为例外，单独进行分析（ii. 51 - 64）。这一段令人生疑，突然插入，显然与安东尼前面的话的大意不符。这段话不仅详尽地记录了希腊与拉丁的历史著述，对两者进行比较，解释罗马为何未能出类拔萃，还列举了诸多规则，根据主题确定作品、确定所应采用的风格。在上下

---

① Hendrickson 对这件事做了更为全面的分析，用意也不同（CP, I, 110 - 119）。

文认为没必要对各个具体领域的风格进行处理的背景下，这段话相当引人注目，西塞罗还反复说修辞文章没能做到根据主题确定风格。

这段话无疑能够从西塞罗对改进历史写作的个人兴趣中得到最佳的解释。西塞罗自己当时正努力记录担任执政官期间发生的事件，他采用了一种自认为与这些事件对国家的重要意义相般配的方式，但没有取得太大的成功。① 当高卢战争进入到第五年时，西塞罗是否知道凯撒正在写高卢战记，我们不得而知，但西塞罗有可能知道。我认为，这一点可以从对凯撒风格变化的分析看出来，七卷并不是在一个时间段内写出来的。② 值得注意的是，西塞罗虽然说修饰（ornatus）在历史写作中非常重要，《论演说家》的各章节却没有提及这一点。说修饰在历史写作中重要似乎与安东尼的观点不符，他没有认真思考过演说形式的问题。不过，整个讨论同样与安东尼读史书只是为了消遣的习惯不符。凯撒致力于简朴的文风，我们可以把这一段看做是对其巧妙的恭维。因为这与西塞罗后来在《布鲁图斯》中对战记风格的描述相吻合。

不管怎样，由于这段话直接涉及凯撒的作品，对其风格表示强烈的支持，凯撒当然会对之感兴趣。最令凯撒感兴趣的可能是西塞罗对史书风格的描述，因为正如西塞罗所说，历史写作的基本原则及其处理的素材是人所共知的事情。在西塞罗看来，这种风格应是气势磅礴、语调沉静、流畅平和（fusum atque tractum et cum lenitate quadam aequabili profluens），与演说家在法庭上的修辞风格相当不同。这一原则，在凯撒及其他人看来，是全新的。原因有两点：一，因为修辞手册中并没有这一原则；二，凯撒写作时期的文风讨论主要关注的是确立某种风格的主导地位，而不

---

① Fam. v. 12（to Lucceius）和 Att. iv. 6. 4；9. 2；11. 2。
② 我不能参加有关这一问题的大辩论，各方观点严重依赖于解释及相关的压力。我只想提及 Kalinka 1929 年在年度报告（Jahresbericht）中的详细总结。

是针对不同的目的选用不同的风格。

在这一背景下，我们现对凯撒的语言和写作方式进行更为详尽的分析。

人们普遍认可《高卢战记》卷一与其他几卷在特点和语言上有很大的不同。如完整的表达 propterea quod，先行词的反复使用（itinera duo, quibus itineribus）和冗词（permitteret ut eius voluntate liceret），这些在卷一中比在后面几卷更为常见。① 表因果关系的连词 quod，先行词 eo 或 hoc，独立原因从句及像 his rebus adducti 这样的过渡短语也是如此。

所有这些表达要比通常使用的表达方式更为精确明白，有种争辩和诉讼②的味道，更适合辩护人而不是史学家。战争开始时的确需要凯撒为其侵略政策进行解释和辩护，而随着战争向前推进并显然取得成功后，这已没有必要。③这本书的辩护特点不仅体现在凯撒认真精确的语言上，而且经常为其行为说明理由，非常详细地解释与阿里奥维司都斯的外交争吵。《高卢战记》既是论辩书，又是战争征服史。抛开其主旨不谈，如果凯撒的风格不断发展变化，它首先就会难以充分适应特定的叙述任务。这并不是说作品在开始时不如后面完美，因为卷一是全书写得最为精心的一卷。凯撒风格的这种变化属于大变革的一部分。前面提到的诸多演说形式都可以在《献给赫伦尼》（*Auctor ad Herennium*）和西塞罗的《论创造力》（*De inventione*）及其早期演说中找到而且被相当广泛地使用。④在凯撒作品中，值得注意的一点是，在这些演

---

① Frese, *Beitr. Z. Beutteilung d. Spr. Caesars*，页 22ff。

② Thielmann, *De sermonis proprietatibus*, 页 25ff; Parzinger, *Beitr. z. Kenntniss d. Entw. D. cic. Stils*, 页 83。

③ Ebert 对此做了详细解释（*über d. Entstehung v. Caesars "Bellum Gallicum"*, pp. 21–48）。

④ 比较 Thielmann, 前揭，页 17ff., 24ff.; Frese, 前揭，页 22, 23–24; Parzinger, 前揭，页 83ff。

说形式已经不再普遍使用后，凯撒仍然采用。

凯撒的第二卷更为明显地沉浸于叙事中，由于这一卷与后面两卷有许多共同之处，我们把它们作为一个整体来分析。这三卷中的叙事句式要比其他卷更长，每一百行的句子平均数量为：《高卢战记》卷一，24.6；卷二至卷四，21.6；卷五至卷七，26.3；《内战记》卷一至卷二，30.3；卷三，25.4。

针对这种变化出现的就是我们前面提到的掉尾句（页212）。在卷二至卷四中，这种句式出现大幅变化。主动词前出现的分句和短语的数量急剧增加。各卷叙事部分中有两个以上分句的主动词比例是：

《高卢战记》：卷一，20.5；卷二，49.1；卷三，45.9；卷四，38.5；卷五，29.1；卷六，26.6；卷七，29.3；

《内战记》：卷一，22.3；卷二，25.9；卷三，34.5。

卷一之后的突变尤其令人吃惊。卷一语言更为保守，叙事有着演说辞的特征，掉尾句更简单更常见。卷二和卷三的变化最大，卷四仍然持续，到卷五数量跌落，但在《高卢战记》剩余部分仍成为一个标准。这种句式的长度从下面可略见一斑：

> 盖尔巴接到消息时，冬令营的工程和防御工事还没有竣工，就连粮食和其他的给养也没准备充足，本来他认为他们已经投降了，还接受了人质，可以不用担心战争了，这时，他迅速召集了一个军事会议，开始征求意见。（卷三，3）

在《内战记》中，情况相当不同。在卷一和卷二中，前面有两个以上分句或短语的主动词比例较低，仅为每100行30.3个，可能是句子更简洁的缘故。此外，卷一前面几章很少连词和过渡性短语，这两种情况让人感觉到作者记录时的匆忙和兴奋。不过，鉴于《内战记》并未润色完工，它更像是一部记录草稿，而不是像《高卢战记》那样是文学作品（西塞罗，*Brutus* 262）。这两卷的其他一些特点也支持了这一意见。两卷都没有提到单个士兵的勇敢行为，卷一中没有以直接引语出现的演说辞，尽管这两个特点《高卢战记》卷四以后的几卷也有。

句子的三种支配形式——时间或条件从句、独立夺格和分词短语——在前面出现大幅减少，虽然幅度不等，在最后又以类似的情况增长。独立夺格在各卷的比率不同，但相对平均。附表表明了每一结构在各卷中的比例。从句的永久性减损开始于《高卢战记》卷二和卷四，分句短语的永久性增益开始于《高卢战记》卷四和《内战记》卷一。通常，当从句和分句短语比率格外高的时候，独立夺格的比率就较低，反之亦然。

《高卢战记》	卷一	卷二	卷三	卷四	卷五	卷六
从句	37.4	32.2	30.4	23.7	30.3	15.6
独立夺格	38.9	42	52	48.4	43	54.9
分句短语	23.7	25.9	17.6	28.1	26.7	29.5
《内战记》	卷一	卷二	卷三			
从句	17.5	15	19.6			
独立夺格	44.8	39.2	40.7			
分句短语	37.7	45.8	39.7			

卷二至卷四中负担过重的掉尾句减少，越来越多地用分词短语代表从句，这两大变化就是向西塞罗所说的历史文风的平和流畅过渡。掉尾句就像河流上的大坝，比率越高就越像。从句或独立夺格更为自主，有自己的主语和谓词，分词短语与之相比纯粹是辅助性的，对句子的平和流畅滞涩作用较小。

卷四之后出现了与前述语言成分密切相关的其他几种变化，这表明行文向更为流畅的方向转变。长期以来形成的使用掉尾句的习惯当然无法一夜之间改变，但可能将其分为更小的语言单位平衡地分配到句子中。不是像卷二至卷四那样将许多从句和短语压到一个主动词上，第二动词（并列动词）承担了一个或多个成分。句子将如下所示：

> 卡伐林纳斯发现他们的计谋后逃走，他们一直追赶他甚至追到边界上，把他逐出王位和家乡，然后派使者来向凯撒解释，当凯撒吩咐叫他们的全部长老来见他时，他们却又不服从命令。(Carvarinum publico consilio interficere conati, cum ille praesensisset ac profugisset, usque ad fines insecuti regno domoque expulerunt, et, missis ad Caesarem legatis, cum is omnem ad se senatum venire iussisset, dicto audientes non fuerunt, BG v. 54)。

这种情况出现的并不是特别多（在凯撒全部作品中只有256例），但值得注意的是卷四之后大幅增加，然后逐渐减少。《内战记》卷一至卷三则是稳步增加。数字如下（用公分母约分以消除各卷长度的差异）：①

《高卢战记》	卷一	卷二	卷三	卷四	卷五	卷六	卷七
	13.3	17.3	16.4	17.9	33.3	27.8	23.8
《内战记》	卷一	卷二	卷三				
	20.6	24.9	40				

对于掉尾句第二种更为平衡的分配是将分词短语或独立夺格置于主动词后面而不是前面："于三更时急忙向敌人赶去，他对船只并不担心，因为那些船只都是抛锚在一片松软而又开阔的海岸边"（De tertia vigilia ad hostes contendit, eo minus veritus navibus

---

① 只计算用"and"连接的并列动词或从句。

quod in litore molli atque aperto deligatas ad ancoras relinquebat, BG v. 9）。

这种写作手法后来成为史学家的一种显著特征①，《高卢战记》前四卷有微弱的源头痕迹。只有一个例证（《高卢战记》iv. 10）突出展现了这种结构，而在卷五之后继续出现。卷一至卷四的其他范例都隐藏在从句或同位表达中。例证的总数如下：

《高卢战记》 卷一 卷二 卷三 卷四 卷五 卷六 卷七
2 1 2 5 14 9 16
《内战记》 卷一 卷二 卷三
23 8 29

这在卷四是一个小的开始，到卷五已经是全盘接受。有些句子包含一个以上的补充短语，这样总计有 71 个独立夺格和 69 个分词短语。更为全面地使用分词短语的倾向在这里也很明显：独立夺格（《高卢战记》44 个；《内战记》27 个）；分词短语（《高卢战记》34 个；《内战记》35 个）。在 107 个语言结构例证中，有 15 个是间接引语。

对于其他两种同样有助于使句子流畅的结构，凯撒的使用频率并未增加。一种就是在主动词后使用松散的关系从句，《高卢战记》叙事部分有 153 例，《内战记》有 130 例。② 另外一种（凯撒很少使用）是松散的条件从句，每部作品有十几个。

另一方面，句首关系词（initial relative，指代前面一句）在《内战记》中数量增加，叙事部分有 139 例，而在《高卢战记》中有 118 例。其中，《高卢战记》的例子有大约 22% 要比《内战记》叙事性更强。在凯撒所有作品中，只有 16 个例证在非叙事部分。

---

① 我曾追溯过这种语言结构的历史（CP, XXVIII, 296ff）。
② Menge（D. *Relativum in d. Sprache Caesars*，页 16）给出的数字差异较大，原因是我的数字只算叙事部分，完整句子中的关系从句，不包括那些句子的成分松散连带的需要其他成分补充意思的关系从句。

句首"and"虽然使用次数较少，但在《内战记》中频率较高，有 50 次，而在《高卢战记》中是 30 次。除了三个例子外，其他所有都出现在叙事部分。在《高卢战记》中的分配是：atque，19 次；neque，7 次；-que，4 次。在《内战记》中的分配是：atque，10 次；neque，16 次；-que，19 次，et，5 次。句首 et 只出现在《内战记》卷三中，80 个例子里有 36 个是句首 et。在《高卢战记》卷一中没有出现。①

and 在叙事中的作用很重要，因为叙事的目的只是展现发生的事情，不加以解读或阐释，而 and 是所有连词中最没有约束性的词。凯撒让叙事承担辩论和单方面（ex parte）演说的任务，后两者对公共人物来说都很自然。and 对于证明凯撒这样一位作者的文风变化起着重要作用。and 在凯撒写作过程中逐渐增加，它不仅出现于句首，还出现在其他地方。根据德尔诺切克（Dernoschek）② 的统计，三种形式的"and"（et，atque，-que）在《高卢战记》中出现 2381 次，每一百行为 35.1 次，在《内战记》中出现 1946 次，每一百行为 39.2 次。-que 当然比其他两个连词更有助于句子的流畅，使用次数不断增加。它在《高卢战记》中的比例是 37%，在《内战记》中比例是 42.6%。

凯撒叙事中句式结构的变化如下：《高卢战记》卷一过分简略，表达方式像论证，相当老套，还不能充分运用叙事技巧；第一阶段（卷二至卷四）③ 掉尾句过度承载细节，非常密集。卷五之后作者用多种方法缓解这种极端情况：第一，将由一个简单主动词承担的成分分配给句中的几个动词；第二，增加使用句中成分即独立夺格和分词短语实现平稳过渡，减少生硬具体的从句；第

---

① 各卷出现的次数：《高卢战记》0—3—3—3—8—8—3；《内战记》7—6—36。
② De elegantia Caesaris，页 40。数字皆为总数，对叙事与其他部分没有做区分。
③ 基于本文叙述的理由之外的原因，我们假定卷四与卷五，或卷四与卷六的句法结构有一个间隔（Jahresberichte，CCXXIV，159，168）。

三，将这些成分，特别是分词结构，放在主动词后面而不是前面；第四，在句首和句中增加使用能平缓过渡的非约束性连词。有些变化是从开篇到结尾逐步发展，有些是间歇性出现，还有一些在《内战记》之前并不明显。

在《高卢战记》卷五开始明显感觉到这些变化累积下来所产生的效果，虽然有些变化在卷四或卷六才凸显。这些手法旨在削弱掉尾句，将句式贴近西塞罗所说的平和流畅原则。我们不必试图确定西塞罗在《论演说家》中对历史风格的定义是否与凯撒当时叙事手法的变化有直接影响，当时的一致是否属于偶然，是否都产生于一场进行中的运动，是否如尼波斯（Nepos）和撒路斯特所说（比较 CP, XXVIII, 297）不久后又向前推进了很远。它们都汇聚在凯撒的记述中，而其他类别的变化也出现在记述中，这当然有着重要意义。

其中一个技巧就是以直接引语的方式引入演说辞。第一个这种类型的演说辞出现于卷四结尾（章 25）。之后各卷，除《内战记》卷一外，都有两个以上的直接引语演说辞（《高卢战记》总计有 12 段，《内战记》有 12 段）。① 当形势激烈、富有戏剧性时几乎总会出现直接引语演说辞。最初只有副将、百夫长和其他低级军官以这种方式来突出，到《高卢战记》卷七高卢首领也是如此。在《内战记》中，庞培两次以第一人称说话，凯撒有一次。有三个演说辞是全文出现（《高卢战记》卷七 77，克里多耶得斯；《内战记》卷二 31 和 32，库里奥），不过靠近《内战记》卷三结尾的几个演说辞明显要比其他的篇幅长。

与引入直接引语密切相关的是凯撒对下层战士中的英雄主义和勇敢的关注。在《高卢战记》卷四之前，凯撒没有提到过这些人的杰出行为。从卷四开始，每卷都有一个或多个这样的人：卷

---

① 《高卢战记》iv. 25；v. 30，44；vi. 8，35；vii. 20（2），38（2），50（2）和 77。《内战记》ii. 31，32，34 和 39；iii. 18，19，64，85，86，87，91，94。

四有阿奎丹尼人皮索（12，Piso the Aquitanian）和一位不知名的鹰帜旗手（25）；卷五有卢坎纽斯（35，Lucanius）、彼特洛希第乌斯（37，Petrosidius）、普尔洛和瓦伦纳斯（44，Pullo，Vorenus）；卷六有巴古勒斯（38，Baculus）；卷七有高卢人（25）、费庇乌斯（47，Fabius）、彼得隆纽斯（50，Petronius）。这在《内战记》中并不常见，尽管也有两个例子：斯凯瓦（卷三53，Scaeva）和克拉提努斯（卷三91和95，Crastinus）。

有相当长的段落描述苏威皮人（卷四1-3）、不列颠人（卷五12-14）以及高卢人和日耳曼人的风俗（卷六11-28），这是卷四出现的一个新特点。与前面提到的特点不同的是，这些段落并不是在卷六之后出现。卷五开头是另一种长篇幅的描述，即对紧张戏剧性的形势进行生动详细的记录。这包括对萨宾努斯和考达军营的冲击以及性命攸关的军事会议（卷五，26-37）、对西塞罗军营的冲击和大火（卷五，40-48）、跨过卢比孔河后的元老院会议（《内战记》卷一，1-6）、科菲尼乌姆（Corfinium）的投降（《内战记》卷一，19-23）、西班牙敌人相互间密切的关系（《内战记》卷一，74-76）、马西利亚人（Massilian）的背叛与投降（《内战记》卷二，11-16）、库里奥军营的形势（《内战记》卷二，27-33）、凯利乌斯（Caelius）和弥洛（Milo）的被杀（《内战记》卷三，20-23）、庞培的税收和勒索（《内战记》卷三，31-33）、凯撒军队粮食匮乏（《内战记》卷三，47-49）、阿德布基卢斯儿子们的罪行和背叛（《内战记》卷三，59-61）。《高卢战记》前四卷中还有许多一带而过的例子。

从这些新特点中，我们似乎看到从严格的专业战事记录向历史作品的转变，战事记录记载的只是军队及其成就，还有将领的战略，而类似史书的战记会吸引普通读者，凯撒战记甚至有一段专门讲神迹（《内战记》卷三，105）。变化在《高卢战记》卷四初露头角，到卷五全面展开，一直持续到《内战记》结束，不过变化的重点不同。我们甚至假设这在某种程度上与不列颠远征有关系。这次行动的浪漫色彩，加上对冒险的期望，吸引了大量的热血青年到凯撒那里。西塞罗引用特西巴特乌斯（Trebatius）的话说"他有大量的随从"（in tanta multitudine eorum qui una essent, Q. Fr. ii. 15.3）。这让昆图斯开始感兴趣，跟随凯撒进行了第二次远征，并将其作为一首史诗的主题。不久，西塞罗对远征也充满热情。他欢呼说，"你显然有着非常好的文学素材：地点、自然现象和场景、风俗、民众、厮杀，和指挥官"（Quos tu situs, quas naturas rerum et locorum, quos mores, quas gentes, quas pugnas, quem vero ipsum imperatuorem habes, Q. Fr. ii. 16.4）。兄弟二人在公元前54年夏秋时节的通信中反复提到这一行动。最后，西塞罗在昆图斯的敦促下决定写诗（ii. 15.2），并于当年冬天完成（ii. 9.6）。昆图斯发现这个消息传到了凯撒耳朵里（ii. 8.3）。西塞罗对诗作很得意，我们可以假定他把诗送给了凯撒，尤其是凯撒知道西塞罗正在写这首诗。更多的情况我们再没有听到，因为除了给昆图斯的信函外没有其他材料提到这件事，这首诗可能从没有公布过。不过，被远征所激起的巨大兴趣，即便不提西塞罗的信件，也可能很自然地使凯撒不会把自己的战记写成《高卢战记》前几卷那样的专业报告。

凯撒战记的非政治本质

德威特(Norman J. DeWitt)

自蒙森以来,关于凯撒《高卢战记》的研究文献都基于两个假设。① 第一个就是《战记》② 是于公元前 52 年暮秋或公元前 52 至 51 年冬天一口气写完的。③第二个假设是凯撒写作的主要目的是扩大自己的政治利益。本文旨在分析人们是否有可能过分夸大了《高卢战记》的政治性。

研究了批评文献后,我认为,前面提及的两个假设相互关联,实际上是相互依赖。这就是说,如果把《高卢战记》说成是"宣传材料",就有理由假定作品是在公元前 52 年暮秋或早冬连续完成的草稿。根据这种说法,凯撒自然也是在此时撰写的宣传材料。凯撒刚成功地进行了一次军事大冒险,作为机敏的政治家,他预见到公元前 50 至 49 年危机将造成的政治问题。该论证的下一步就是得出结论说,凯撒记录其对高卢的征服活动是为了

---

① 比较 Th. Mommsen,《罗马史》(*History of Rome*, Scribner, 1900, 5.499)。[译按] 本文选自《美国语文学协会通讯》(*Transactions of the American Philological Association*), Vol. 73, 1942, 页 341 – 352。

② 本文中的战记一词指的是《高卢战记》(*Bellum Gallicum*, *de Bello Gallico*) 卷 I – VII, 尽管《凯撒全集》(*Corpus Caesarium*) 都采用了战记的形式。

③ 关于这一问题的研究文献卷帙浩繁,由于篇幅所限无法全部列出,我略掉了可以在 Kalinka 汇编中查到的所有资料 (Bursian, *Jahresbericht*, 224, 1929; 264, 1939)。见本文最后一个注。

让朋友安心，对敌人提出警告。这一记录即《高卢战记》。或者像有人所说的那样，凯撒想为一些看似非法的军事行动（如果说这些行为算不上叛国的话）辩护。另一方面，如果凯撒战记写于公元前 52 至 51 年，就有理由假设凯撒的主要动机是政治性的，当时任何嗅觉敏锐的政治家都会撰写宣传材料。这是一种奇特的逻辑：两个假设相互印证，由于能彼此印证就都成为事实。不过，这种逻辑也让人想到本文的分析可采取这样一种方法：如果能降低《战记》是宣传材料的可能性，我们就减少了作品写于公元前 52 至 51 年的可能，反之亦然。

据我所知，迄今为止还没有学者做过系统考证来证明凯撒写战记是出于当时的政治考虑。关于这一问题，令人惊讶的是，学者们都不约而同地乐于相信，凯撒写战记时肯定有一个隐秘的动机。我怀疑，相信凯撒有隐秘的动机是出于一种政治理念，即无法想象政治家的举措（statesmanship）会与新闻报道相脱离。此外，在欧洲批评人士看来，凯撒从没涉足过不带政治谋划色彩的文学活动。① 对于那些想要以自己时代标准过度解释古代出版物的学生来说，记者——政治家传统自然非常有吸引力，因而必要时就会尽量使用宣传的定义。有些观察家认为将古代某些作品称为宣传材料（影响同时代舆论的文字）很合适，其实把这些作品看作确保作者死后名声——西塞罗称之为"荣耀"——的那种不

---

① 如 A. Klotz, *Cäsarstudien*, (Teubner, 1910, 25–26)："凯撒是一流的政治家，而不是作家。战记的目的是撰写历史还是说服我们，伊尔久斯与西塞罗，我们该相信谁？谁才是真正的证人？" Ferrero 提出的看法是最为极端的观点之一,《凯撒生平》(*The Life of Caesar*, Putnam, 1933, 364–365)："在公元前 52 年最后几个月里，尽管有数不清的事情让他分心焦虑，凯撒仍抽出时间撰写《高卢战记》，一部艺术造诣极高颇受欢迎的作品……总之，凯撒想使这本书成为让他人获益的军事政治著作，文风之诱人、叙事之明快、措辞之简朴，这些都是为了吸引容易轻信的民众"。

朽更为妥帖。① 对后世的强烈关注是罗马人性格中的一部分：使个人事迹永不泯灭的民族特性，《拉丁铭文集》（Corpus Inscriptionum Latinarum）对此提供了一系列例证。

凯撒是罗马人，他肯定意识到自己在后世的名声要比此前任何罗马人所做的都要显赫。在希腊人中也算得上是一人之下万人之上，这个"一人"就是亚历山大大帝。我曾猜测说凯撒念念不忘亚历山大的荣耀，并想使自己的名声与之齐肩。② 亚历山大的功业对雄心勃勃的罗马人的影响这里无须赘言。加热（J. Gagé）在《赫拉克勒斯－麦勒卡特、亚历山大与加德斯的罗马人》一文中描述了这个问题的一个方面。③ 公元前68年以前的一些罗马官员就在加德斯（Gades）的赫拉克勒斯神庙中立了亚历山大像。在加热看来，供奉的行为及地点在罗马人的头脑里象征着征服世界和伟大的个人功绩：用加热精确的表达就是"梦想的指针"（la rêve indique）。在具有如此强烈诱惑性的社会氛围里，凯撒反思自己与亚历山大在相同年纪所取得成就的差距时一定经历了深深的情感波动。我曾提出，有三个权威专家用大致相同的词证明了这一事件④，这说明凯撒突然意识到自己的雄心应用于何处：人们可以将这一心理现象与扫罗去大马士革途中的经历相对比。无论如何，这一事件说明凯撒与亚历山大之间有着值得深入探索

---

① 有人会联想到贺拉斯对不朽的预期以及卡图卢斯温和的"我恳求保护神缪斯，当韶华逝去时，让这本书仍能长存于世"。当然晚近有一种趋势，从艺术家（或史学家）禁不住反思所处的社会和秩序的角度上把所有的艺术都看作宣传。按此标准，我应赞同维吉尔《埃涅阿斯纪》是宣传的观点，即它展现的是奥古斯都时代的社会秩序和罗马人特有的视角。但我倾向于有保留的看法，即它主要是为了宣扬奥古斯都政权，是给罗马荣耀和朱利安家族的献辞。与之类似，我把奥古斯都在昔勒尼石碑（Monumentum Ancyrenum）上的遗嘱看作给后人而不是同代人的演说。

② CW, 36, 1942, 51-53。

③ J. Gagé, "Hercule – Melqart, Alexandre, et les Romains à Gadès", REA, 42, 1940, 425-438。

④ Suet. Caes. 7; Dio Cass. 37. 52. 3; Plu. Caes. 11. 3。

的联系。

　　一旦意识到古典思想与语言中普遍存在的对立倾向①，比如对立双方彼此相互暗示，而且这种指向常常是相同的，难免会就凯撒与亚历山大竞争做出令人惊讶的推论：即人们愿意接受一系列明显的巧合。同亚历山大征服波斯一样，征服高卢从整体而言是一次帝国规划，涉及大陆战略及各民族夙敌的臣服。卡图卢斯在诗（Carmen 11）中感觉到凯撒的行为有着亚历山大式的本性：异域的印度人（extremos Indos，Furius 和 Aurelius 可能沿用了卡图卢斯的说法）暗指亚历山大；遥远的英国人（ultimos Britannos）= 异域的印度人；凯撒 = 亚历山大。人们可以补充说，凯撒对不列颠的征服，除了他本人的解释外②，几乎没有什么战略上的合理依据。奥古斯都很少有浪漫的想法，在他看来，征收关税要比征服小岛划算得多。③ 如果凯撒想赶上亚历山大在东方所达到的界限并继续向未知陆地渗透，远征不列颠取得象征性主权就在情理之中。我们可以把凯撒跨过莱茵河推断为与之类似的对已知土地的渗透。这可以与亚历山大在东北部穿越多瑙河相媲美。④ 但凯撒通过架设一座半永久性的桥梁⑤胜过了亚历山大，这不仅是工程业绩，还是一个优美的印痕。当然，建设桥梁和远征日耳曼充分展示了罗马人的军事实力和工程技能。但如果能记得亚历山大传奇强大的生命力，我们就会推断出跨过莱茵河同远征不列颠一样符合凯撒脑海中的亚历山大模式。

　　最后，我们记得亚历山大和凯撒都非常彬彬有礼地对待杰出的敌人，他们虽败犹荣。两人无疑都考虑到仁慈的政治影响，但

---

① 比较 Gagé，前揭，见本文第7注；DeWitt，前揭，见本文第6注。希腊词中最为明显的对立是 $\mu \acute{\epsilon} \nu$ 和 $\delta \acute{\epsilon}$。
② BG 4. 20. 1。一位军人朋友曾把凯撒初次远征不列颠说成是"实力勘察"。
③ Str. 4. 5. 3。
④ Arrian, Anab. 1. 3. 4。
⑤ BG 4. 17。

有理由相信背后存在一种更为普遍的政策，甚至是哲学原则。近期学界提出亚历山大预计到廊下派举世皆兄弟的教规，如果说他没有实际提出的话。① 凯撒任意扩大罗马公民权众所周知。这种做法当然有先例，如马略和庞培，但凯撒要比同代人更超前，认识到为适应帝国不断扩大的形势就需要一个更为广阔和自由的社群。② 凯撒最伟大的成就就是使地中海的城邦文化面向西方欧洲大陆和未来。在这方面，凯撒可以与亚历山大相提并论，甚至在其之上。我的推论是凯撒的伟大程度足以令他对那位马其顿伟人更为深刻明白的建议心有戚戚并受到他的影响。凯撒并不像庞培"大帝"那样是个一丝不苟的模仿者。③ 他按照自己的个性、时代和罗马传统将亚历山大传奇变成伟大的功绩。

鉴于凯撒对亚历山大的念念不忘，记录自己成就的方式直接指向这位伟大的前辈就具有重要意义。凯撒无疑知道亚历山大的征服被记录在官方的《星历表》(*Ephemerides*) 及托勒密 (Ptolemy) 的《备忘录》(*Hypomnemata*)，两书翻译成拉丁文都是记录 (Commentarii)。《战记》的文学类型 (genre) 就是一种模仿亚历

---

① 比较 O. W. Reinmuth,《亚历山大与世界国家》(*Alexander and the world state*, The Greek Political Experience, Studies in Honor of William Kelly Prentice, Princeton, 1941), 109 – 124; W. W. Tarn,《亚历山大大帝与人类统一》(*Alexander the Great and the Unity of Mankind*, Proc. Brit. Acad. 19, 1933)。关于对廊下派的评论，见 M. H. Fisch,《亚历山大与廊下派》(*Alexander and the Stoics*, AJPh, 58, 1937, 59 – 82, 129 – 151)。

② 比较 N. J. DeWitt,《高卢的罗马化》(*The Romanization of Gaul*, Lancaster, 1940, 41 – 66)。

③ 例如，赫拉克勒斯和汉尼拔从西班牙行军到意大利，途中经过比利牛斯山、南部高卢和阿尔卑斯山，庞培则沿着同样的路线从意大利行军到西班牙。这样，庞培就将自己与赫拉克勒斯－亚历山大的英雄征服神话联系起来。庞培给元老院报告的口气表明跨过阿尔卑斯山是一项可以与汉尼拔相媲美的壮举（而汉尼拔则是沿着赫拉克勒斯的路线）。比较 Sall. EP. Cn. Pompei 4; Gagé（本文第7注); Dewitt（本文第6注）及《罗马与赫拉克勒斯之路》(*Rome and the Road of Hercules*, TAPhA, 72, 1941, 59 – 69)。

山大功业、使凯撒名字长存于历史篇章中的形式。①

在评价凯撒的动机时,广义上的随笔(genre)和狭义上的记录的重要性都被不当地忽视了。我们知道,凯撒战记严格忠实于前述文学类型的标准:它们是未来史家的素材——正如奥珀曼(Oppermann)所说是"潜在的历史"。② 在《布鲁图斯》(Brutus)中,西塞罗描述凯撒动机的一段很有名:"虽然他的目的在于给那些打算写历史的人提供素材……。"③ 几年后,伊尔久斯准确无误地说《战记》旨在成为未来史家的写作素材:"这部战记的出版,虽说是要使史学家不致缺乏有关这些伟大事业的知识。"④ 伊尔久斯与凯撒关系密切,应该知道凯撒的意图。如果写战记是出于当时的政治目的,伊尔久斯似乎没有考虑过这种情况,否则也不必自寻烦恼,时隔多年后再补全高卢战争的记录。这一评语也适用于《凯撒全集》(Corpus Caesarianum)的其他部分。令人好奇的是,人们很少谈及《内战记》的宣传价值,如果《高卢战记》是宣传材料,续篇当然也应该是。如果《内战记》是宣传材料,那么它想从哪个方面影响读者,又出于什么样的政治目的?凯撒在两部作品中都努力为自己的行为辩护。事件结束那么长时间后(假定《高卢战记》写于公元前52年),这样的辩护是否必要?面对当时的舆论,凯撒就没有其他更为有效的辩护手段?我们以后再细谈这些手段,现在重申前面提及的原则,许多在今人看来是宣传的出版材料,其主要目的实际上着眼于后世。如果不过分质疑西塞罗和伊尔久斯,不受任何约束地探求针对未

---

① 比较 W. W. Tarn,《亚历山大的记录与"世界帝国"》(Alexander' γπομνήματα and the 'World‑Kingdom', JHS, 41, 1921, 1–17); Klotz, 前揭(本文第 4 注); 及本文第 18 注和第 22 注。

② Hans Oppermann,《作家凯撒及其作品》(Caesar der Schriftsteller und Sein Werk, Neue Wege zur Antike: II Reihe: Interpretationen/ Heft 2: Teubner, 1933) 3。

③ 262。

④ BG 8.1.5。

来的用意,我们会得出一个不偏不倚的结论:凯撒的主要目的就存在于他采取的文学形式以及西塞罗和伊尔久斯的合理推断中,即使史学家不致缺乏有关这些伟大事业的知识。

《战记》的文学类型实际上是一个非常间接的宣传媒介。随笔(genre)的名称和本质都表明以这种形式所写的材料是私人间传阅的"笔记"、"备忘录"或"指针"。① 当凯撒撰写战记时,随笔作为一种文学表达形式才刚刚形成。② 尽管西塞罗是在担任执政官期间撰写记录并交给了出版商,他的主要目的(除了作为贵族练习描述战争外)似乎是向波西多尼乌斯(Posidonius)提供"复件",使其在此基础上对历史进行修饰,使自己名声不朽。③ 那些强调凯撒战记是宣传材料的人脑子里念念不忘现代社会中能阅读的大众。凯撒的作品很可能只在特定群体中传阅。西塞罗可能收到过一份或几份副本,但没有证据表明作品被广泛传播。实际上,我们掌握的材料都与这种可能性相对立。值得注意的是,广泛传播只有在民众有普遍需求时才会出现,所有迹象都无法得出这样一个结论:凯撒的战记是在公众的吁求下写成的。

现代人给予《战记》的重视程度超出了其在成书时或在拉丁散文传统中的重要性。西塞罗和伊尔久斯是唯一的同时代佐证。④ 西塞罗给我们的印象是他觉得自己应该就凯撒的作品说些好话,谈凯撒是一个礼节性的离题。作为当时文风论战中凯撒的主要对

---

① 比较 Oppermann,前揭(本文第 18 注);Permerstein, RE s. v.《记录》"*Commentarii*"; U. Wilcken,《记录》("$\dot{\upsilon}\pi o\mu\nu\acute{\eta}\mu\alpha\tau\alpha$", Ph 53, N. F. 7, 1894, 80 – 126, esp. 97 – 120)。

② Oppermann,前揭(本文第 18 注)4;Klotz,前揭(本文第 4 注)2。

③ Att. 1. 19. 10; 2. 1. 1; 2. 1. 2。

④ 见本文第 19、20 注。

手，西塞罗的这些话很难反映出他的真实态度。① 伊尔久斯则是凯撒的党羽。《战记》到现代变得重要是因为作者是凯撒，因为它们成为拉丁语法手册，因为它们是重要的历史资料来源。凯撒战记在文艺复兴时期流行是因为人们把凯撒重新定义为一个历史角色，因为当学界重新开始研究兵法时他提供了一本战略手册，因为它激起了法国人和英国人的民族兴趣。② 但古人并没有这样的兴趣。如果我们接受语法学家的评判，《战记》依照文风来说不能算标准的拉丁文，因为古代学者提及其他作家的次数（如维吉尔和西塞罗）与凯撒相比大约是 8100∶2。③ 手稿流传的数量非常少。④ 我们不知道谁写的《凯撒全集》中篇幅较小的那些片段，苏维埃托尼乌斯也不知道。⑤ 另一方面，奥赫西乌斯（Orosius）把它归到苏维埃托尼乌斯的头上，还有一系列手稿也被列到他的名下。⑥ 除了政治考虑外，古人忽略凯撒战记当然是由于风格问题。凯撒在写战记时精心避开了取悦或说服人的所有修辞要素。

正如我们清楚表明的，认为凯撒是伟大政治家和记者的学者

---

① 西塞罗的恭维并不是原话（"sanos quidem homines a scribendo deterruit," Brut. 262）。公元前 60 年，西塞罗将他自己的战记送给波西多尼乌斯，希望他在此基础上对历史进行最后的"润色"，这位机敏的希腊人答复说：他不仅不会在别人的鼓动下这样做，而且对此格外惊恐（Att. 2.1.2）。

② 比较 E. Owen, 《1860 年以前美国学校中的凯撒》（*Caesar in American Schools Prior to* 1860, CJ 31, 1935 – 1936, 212 – 222）；N. J. DeWitt, 《凯撒战记的记录》（*Commentarii de Commentariis Caesaris*, Class. Bull. 18, 1941, 9 – 10）。

③ 这是根据 E. G. Sihler 的统计数据（*The Writings of Caesar*, Stechert, 1911, 265）。

④ 比较 C. H. Beeson, 《凯撒全集的文本历史》（*The text of the Corpus Caesarianum*, CPh, 35, 1940, 113 – 135）。

⑤ Suet. Cases. 56。

⑥ 比较 F. W. Kelsey, 《凯撒作品的标题》（*The Title of Caesar's Work*, TAPhA, 36, 1905, 211 – 238）。

不可能相信凯撒写战记没有政治缘由。① 不过，凯撒实际上是重要的拉丁语法学家之一，花费大量心血用我们今天所看到的模式来规范塑造语言。他与西塞罗就语法问题进行了长期的争论。当西塞罗写《论演说家》、《布鲁图斯》和《演说家》（Orator）时，凯撒的水平并不比西塞罗低。② 没有人会认为凯撒写《论类比》（De Analogia）并题献给西塞罗时有什么政治动机。

《战记》通篇都把文法学家和语法学家作为读者和听众，我们可以注意到战记在文法和语法上的固定规律：避免使用直接引语及与之同源的戏剧因素（常常使用宾格和不定式）；故意大量使用第三人称，这样可以避免产生戏剧效果，将本由改编者负责的叙事交由文法学家处理；作品没有修辞润色，没有对事件的哲理性解说，没有戏剧编排，没有对更为宏大的历史问题的评价；整个批评的背景、文体和战记的史实都说明凯撒及其同代人将《战记》看作一本小书，一种文学练习，同时还是贵族要引起后世关注的一种努力。

当然，没有人会争辩说凯撒忽略了影响舆论的手段。对于任何聪明的政治家（罗马的或其他民族的）所了解的策略，凯撒都驾轻就熟。值得注意的是，凯撒并未理解，至少并未使用古人早已明了的一种宣传技巧：文人或宫廷的宣传。③ 亚历山大和汉尼拔就非常成功地运用了这种策略；奥古斯将其引进到罗马（我前面对此已做过解释）。如果凯撒注意到有组织宣传的价值，或具有促

---

① 见本书 131 页注①及正文。研究凯撒政治生涯的学生不应忽视有关其语法作品的研究文献，如 G. L. Hendrickson，《凯撒的'论类比'：其场合、性质和日期及残篇》（The De Analogia of Julius Caesar; its Occasion, Nature, and Date, with additional Fragments, CPh, 1, 1906, 97–120）；W. A. Oldfather 和 Gladys Bloom，《凯撒的语法理论及实践》（Caesar's Grammatical Theories and his own Practise, CJ22, 1926–1927, 584–602）。

② 比较 Hendrickson，前揭（见上注）。

③ 对于汉尼拔的宣传，见 DeWitt，前揭（本文第6注）。

成或确立此类宣传的习惯，前提是凯撒写战记时脑子里有这种想法，我们应会预计到他对这种方法不会只用一次。相反的结论似乎成立。有关凯撒战记的大部分文献都不是恭维性的。①

我们的论述证明了以下的负面结论：(1) 人们普遍认为凯撒写《战记》有政治用意，这是由现代政治新闻主义观念衍生出来的；(2) 尽管说《战记》有政治动机，凯撒却没有运用古代熟知的宣传手段；(3) 现代人对《战记》给予的重要性使我们的研究误入歧途。积极的结论有：(4)《战记》反映了凯撒想以一种历史修辞写作方便采用的形式来记录自己的军事成就，反映出古代对身后评价的关注；(5) 凯撒的朋友又基于同样的精神对之进行补充和续写；(6)《战记》是依照一种严格定义的文体所规定的原则来写的，它们反映出凯撒对文风及类比的语法原则的兴趣。

对于这些结论，我们可以推断补充说，由于《战记》并不必然是宣传材料，也就并不必然写于公元前 52 至 51 年。我认为，只有作品写于公元前 52 年至 51 年，宣传一说才站得住脚；如果《战记》是逐年完成的，就没有必要把它们看做是政治文献，因为凯撒有其他的手段让公众充分了解自己的行为和意图。②（无论关于作品的成书日期和写作方式有何猜想，这一论述都真实无误。）我们

---

① John W. Spaeth, Jr. 在《凯撒在诗人中的朋友与敌人》(Caesar's Friends and Enemies among the Poets, CJ 32, 1936 – 1937, 541 – 556) 中并未给出证据证明凯撒有一个文人圈子。Varro Atacinus 的《塞广尼战记》(Bellum Sequanicum) 可能受凯撒启发，但从文中也看不出是受命之作。西塞罗已着手写有关凯撒的一首史诗，但我们无法知晓最后的成文如何 (Q. Fr. 2. 13. 2)。伊尔久斯和 Oppius 写作是迫于朋友情面。Furius Bibaculus 在与凯撒和解后写了《高卢战争编年史》(Annales Belli Gallici)，但我们对其质量持保留态度，因为卡图卢斯显然对他非常鄙视，而贺拉斯则认为其肚子里没什么东西 (Sat. 1. 10)。

② 他借助于自己的信件、幕僚给朋友的信件、在罗马的朋友及代理人的政治活动、给元老院的战报。无论教育程度高低，罗马公众不用读《战记》就知道凯撒在公元前 57 年取得的成功。"元老院接到凯撒的信后，决议为这些战役做十五天谢神祭，这是前所未有的事。"(《高卢战记》2. 35. 4) 我们可以说在这种形势下凯撒在高卢行动的合法性不需要什么解释，成功能使所有取得成功的手段都合法化。

就可以自由自在地思考作品有关写作方式和成书日期的内在证据，不必受非此即彼式判断的约束。许多内在证据都不是结论性的，只有对前一个假设进行解释或辩护时才有意义。各卷内部及相互之间有一些不一致的地方。这些差异也无法被视为是结论性的。不过，它们表明凯撒本人并未赋予《战记》至关重要的意义，实际上写得非常匆忙草率，而波利奥（Pollio）对草率著述的评价表示反对。① 甚至有些赞同作品整齐划一的批评人士都承认，依照逐年完成说，有些差异可以得到更好的解释。

就内部证据而言，我认为唯一需要重视的一点就是主观性的结论，即卷一与后面几卷，尤其是卷七在风格和感觉上有着很大的差别。卷一写得更为认真流畅，严格准确地使用间接引语；凯撒说了一句俏皮话②，做了两个讽刺性的评论③，充满感情地提到一位好友的幸存。④ 给我们留下的印象是凯撒非常轻松，时不时地有心情开玩笑。卷七严厉冷漠、没有感情，让人很难相信它与卷一是在同时以同样的心情写的。我们可以说，公正地看，内部证据说代表着反对卷一至卷七同时完成（如几周内）主张的一种轻微偏见。

当然，上述论证都是从历史研究和传记研究的传统视角来表述的。在批评《战记》纯粹是宣传材料的极端主张时，我从另一个极

---

① Suet. Caes. 56。

② 如"军团的一个士兵开玩笑说"及短语"当上了骑士"（ad equum rescribere）的使用（《高卢战记》，1.42.6）。

③ 孔西第乌斯（号称富有军事经验的人）"把根本没有看到过的东西当作看到了的"进行报告（1.22.5）；年轻的军团指挥官们：全营的人都在签署遗嘱（1.39.5）。

④ 发现 Vlerius Procillus 在阿维奥里司都斯的军营里还活着（《高卢战记》，1.53.6）：

> 这件事情带给凯撒本人的喜悦，并不亚于战胜敌人这件事本身，因为他看到高卢行省的这位最最尊贵的人、他的好友和贵宾，居然能从敌人手里抢出来还给他，命运之神总算没有用他的灾难来使这场喜事大煞风景。

端进行论证,即从凯撒的主要动机不是影响其同代人的意义上讲,《战记》根本就不是宣传。不过,我不想争辩说凯撒从未想过同代人;如果说凯撒在写作时从没有想到过卡图,这听起来有些奇怪;做出各种猜想是人类的自然天性。有人对本文提出善意的批评,认为当凯撒坐下来写战记时,他将之作为"一种精妙的手段来欺骗那些博学而又世故的人",我对此表示怀疑。在罗马,谁会受到欺骗?我在前面已提出,凯撒本可以使用更直接更实际的方式将他的情况介绍给公众。凯撒自然会在《战记》中使其政治举措和军事行动显得公正合理,甚至可能在打击斯基皮奥(Metellus Scipio)时算老账①;但他写的毕竟是备忘录,而不是忏悔录。②

证据的性质并不允许我们得出以可能性来表述的结论。但通过对可能性的论证能证明下述结论:(1)《战记》如标题所示及同代人佐证的那样:是供未来史家使用的高度风格化的素材;(2)《战记》写得有些随意,可能并不是在公元前 52 年至 51 年

---

① 《内战记》3.31.1:就在这个时候,斯基皮奥在阿马努斯山附近受到了一些损失,却还是给自己加上一个"英佩拉托"的称号。我将此作为凯撒具有粗劣(或者说罗马式)的幽默感的一个证据。

② 下面这段,作必要修正后,非常适用于凯撒写《战记》时的心态(E. K. Brown, "Mackenzie King of Canada", Harpers, Jan. 1943, 192–200):

麦肯齐(Mackenzie King)想的是未来。渥太华人人皆知他在编写数卷的回忆录,能从书面记录上部分地推测出他的言辞和行动。麦肯齐的所说所做必然要满足威尔弗雷德爵士的鬼魂;还必须满足未来的历史学家,向他们展示我们这个时代。他说的每句话,做的每件事都是要确立一种天衣无缝对称均衡的模式。

一次完成的;① （3）凯撒战记是政治宣传，这种普遍看法并不值得我们的教材、史学家和注释用如此大的热情来表述；（4）我们现在应告诉学生凯撒战记是未来史家使用的素材，是一位名人用一种自己特有的文风写就的，这种风格在拉丁散文传统语法规范中并不具有代表性。

---

① 我在此应提到 P. Barwick 的研究，《凯撒战记与凯撒全集》（*Caesars Commentarii und das Corpus Caesarianum*, Ph, Supplb. 31, 1938, Heft 2），这篇文章出版于本文第 1 注提到的 Kalinka 调查之后。Barwick 的理论（213–216）是凯撒战记的撰写和出版是分开的，凯撒本来计划的修订和收集工作由伊尔久斯在凯撒死后完成。

密谋与密谋者*

史密斯（R. E. Smith）

公元前44年3月15日，一场密谋悲壮且富有戏剧性地给凯撒的生命画上了句号。莎士比亚清楚意识到这一事件的悲剧性，把情节编排得苍凉激荡，使之成为罗马史上最为声名远扬的一幕。基于对罗马乃至西方世界未来的关怀，我们回眸两千多年前这一充满宿命色彩的变故时，很自然地会用鄙视的目光看那些密谋者。他们中的许多人都是凯撒的朋友，竟然敢用这位伟大朋友的血玷污友谊，用貌似正当的伪善掩盖妒忌与自私。人们一定要记住有六十个人参与了这场密谋，不能一概斥之为虚伪和怨恨。即便最后的判辞对他们不利，也不能一带而过，不分析这些人的想法和动机，不努力理解他们为什么能够并且认为自己应该犯下如此可憎的一桩罪行。

六十个人中有许多是凯撒的好友，有许多因凯撒的节制而活命，还有许多内战中与凯撒兵戎相见，而凯撒大度地宽恕了他们并给予或许诺给予职位和行省，但他们一致赞成刺杀凯撒。这个想法似乎于公元前45年末或44年初露出苗头，卡西乌斯是首要分子。这个小组首先是想劝说布鲁图斯（Marcus Junius Brutus）加入。他们认为如果布鲁图斯能加入，密谋的目的就会赢得尊严

---

* ［译按］本文选自《希腊与罗马》（*Greece and Rome*），2nd Ser., Vol. 4, No. 1, Mar., 1957, 页 58 – 70。

和敬重，否则就很难做到这一点。布鲁图斯有一位同名的先祖，五百年前杀死傲慢暴虐的塔昆（Tarquinius），成为受人爱戴的英雄。自此以后，他的家族一直享有这位杰出前辈所留下的名声。布鲁图斯是卡图的侄子和女婿，后者在乌提卡（Utica）的自杀神化了卡图及其为之牺牲的事业——共和国。凭布鲁图斯的家族关系和传统及其生活的崇高原则，这些人觉得他代表着共和国事业。如果布鲁图斯加入，人们会尊崇密谋旨在实现的事业，认为布鲁图斯的目标丝毫不亚于其岳父的宏愿。罗马人觉得卡图是为了真正崇高的事业而死，共和国是一项高贵的事业，为之而死，死得其所。尽管凯撒对他偏爱有加，布鲁图斯仍乐意加入密谋者的行列，让他下如此决心的是密谋的正当性——诛戮僭主凯撒。

人们承认密谋的目标是杀死僭主。希腊罗马世界从未怀疑过诛杀僭主的正当和公平。如果有人凌驾于国家法律之上，不让公民享有法律赋予的自由，他必然会担心受到这样的惩罚。杀僭主是一次凶多吉少的冒险，诛杀者要果敢刚毅，被捕后有视死如归的豪气。因此古代世界把冒如此风险的人都视为英雄，而不是刺客，他们会流芳百世，代代传颂。布鲁图斯认为自己将要做的就是刺杀僭主。基于这个理由，他不会再让人刺杀安东尼，那样做会把诛杀僭主降格为行刺。僭主只有一个，就是凯撒。

我们需要思考两个问题，凯撒的行为是否让密谋者有适当的理由把他看作僭主；如果有的话，这种行为在当时的情境下是否有正当的依据。如果凯撒的所做所为事实上是僭政，依照古代的标准和观念，诛杀他就是义举，杀他的人就是义士。即便密谋者的行为里有令人厌恶的因素，也只是因为我们与他们观念不同，根据他们的标准，这样做是一种荣耀和英雄壮举。如果凯撒的行为确为僭政，但有正当的理由，那么尽管根据古代的观念诛杀凯撒是正当的，他们干的仍属不义，这些人仍是与当时情境不符的陈腐观念的牺牲品。有两点很清楚：有些密谋者想杀死凯撒的动机卑鄙低劣，他们认为可以用诛暴君这堂而皇之的名号来为自己辩护，希望以此赢得人们的支持和同情；第二点是有些人是出于猜疑、妒忌和挫败感，他们赞同除了通过谋杀外没有其他的办法来拉平比分。庞培风光的时候同样有政敌不喜欢他建立起的权力，但没人想过借诛僭主的托辞谋杀他，因为没人认为这会赢得人们的赞同；进一步说，这些人能通过正常的政治活动报复庞培，而且不止一次得手。对凯撒则不是这样，他们下决心只能通过谋杀除掉凯撒。

内战消耗了罗马世界如此多的生命和钱财，以庞培和元老院，还有那些率兵抗击凯撒的将领的彻底失败告终。内战结束时，整个罗马世界都匍匐在凯撒的脚下，他是征服者和主人，没有将军或军队再反对凯撒。无论想干什么，凯撒都能毫无阻力地去做。在公元前45年返回罗马前，除了两次短暂的停留外，凯撒由于爆发内战几乎一直在城外奔波，期间回罗马也是为战争做必要的紧急安排。凯撒的确不容忍别人干预他的意志和计划，但对于人们在内战非正常条件下的抱怨，这仅仅是原因之一。尽管凯撒曾独裁专断，但他既没有像苏拉五十年前那样残酷，也没有像他那样疯狂报复。有些人对凯撒抱有敌意是出于政治或其他原因，凯撒的行为在那些年并未激起人们的仇恨或憎恶。与他有可能采取的措施相比，胁迫元老院和公民大会（comitia）是种可宽恕的罪行。凯撒一直受到民众的喜爱，对这种胁迫行为，感到愤慨的人不会太多。

凯撒公元前45年重返罗马时，战争已经结束，武力做出了有利于他的裁决，凯撒也无法再以时势紧急为托辞。人们有理由期望恢复正常的宪政管理形式。如果凯撒选择这样做，理论上当然没有任何阻碍。凯撒掌握着军队，能控制整个国家，他有权力恢复旧的统治形式，而且也只有他有。但凯撒并不想在元老院或公民大会中让自己受到政敌的攻击。回到共和制的政治状态会使其他人有权反对、否决、操纵、蒙骗凯撒或其同伙想做的事情，就如同这些人在公元前51年至50年的表现一样。立于权力的顶峰，凯撒以其急躁的性格肯定不愿在元老院为自己的所作所为辩护，他终其一生都为此而抗争。凯撒有许多事情要做，对自己的天分充满信心，认为自己的想法是正确的。他厌恶共和制，亲眼看到它如何运作，他下决心要使自己的道路没有纷争。凯撒觉得有许多事情需要完成，对罗马帝国的诸多问题他有着政治家的远见。时间紧迫，他想立刻实现罗马贵族过去几十年都没有完成的事业。即便有可能努力遮掩自己的权力，希望与以前的政敌结为伙伴，凯撒也不屑于这样做。

凯撒鄙视共和制的管理机构，认为掩饰这种厌恶既无必要也不明智。凯撒拿到了他想要的绝对权力，用宪法所提供的名号（执政官或独裁官）加以遮盖，让人们投票赋予自己更多特权，元老院任何情况下都不敢对此表示反对。凯撒于公元前46年和45年担任执政官，公元前44年再次当选。他乐于拥有特权，曾攫取独裁官一职，首次是公元前49年，当了几天；从公元前47年开始年年连任。公元前45年，独裁官的任期延长，凯撒最终于44年担任终身独裁官。共和制的独裁官职位属于例外，只在紧急情况下任命，任期六个月。自汉尼拔战争后，没人担任过此职。苏拉着手修改宪法，把自己命名为独裁官，没有任期限制。苏拉后来主动辞职，不过已使独裁官遭人憎恨，因为苏拉是位无人能反对的专制者。倘若愿意，苏拉可以一直当到去世。人们觉得苏拉设计出的那个职位不属于共和制，结果这个名称变得非常令人厌恶。公元前52年，元老院情愿授予庞培全权执政官（sole consule），而不是那个招人恨的职位。凯撒得到了独裁官之职，现在终于是终身独裁官。进一步说，凯撒当上独裁官是因为它给了他想要的、表明了他已有的、无人能反对的绝对权力。如果凯撒只把它作为名分，必然会让有些人怒气冲天。凯撒想把独裁官作为一个职位，这对所有的共和理想都是一种冒犯。执政官、终身独裁官，这是凯撒的宪法职位，但不是共和制的职位。

贵族们知道他们目前无能为力，也晓得自己的命运和未来捏在凯撒手心里。贵族们在最后几个月里投票授予凯撒官职、荣耀，使其几近于神，这不是出于爱戴，而是源自恐惧。在他们看来，送给凯撒的礼物是他们生来就有的权利。贵族们交出来是因为他们不敢留着，觉得如果他们不主动奉送，凯撒就会夺走。凯撒拿取这些礼物时带着近乎轻蔑的态度，在他眼里，这些东西并不那么珍贵。

伤害贵族的不仅仅是权力，还有行使权力时专制的方式。凯撒对共和制鄙视、不耐烦，这使他做事时没考虑贵族们的感情。凯撒常常不与元老院磋商就采取行动，有时元老院甚至毫不知情。凯撒自己接见外国使节，制订罗马的对外政策。元老院在最后几个月不过是听众大会。他们当然不敢做凯撒不赞同的任何事，包括那些凯撒实际上已经同意但元老们自己担心的事，但授予凯撒荣誉除外。元老阶层的愤恨毫不奇怪，因为无能上面又加了羞辱。现在有传言说凯撒想成为国王。即便这个想法曾在脑子里一掠而过，但凯撒很清楚这一步会招致所有人的反对。他竭力揭穿这些流言，不过谣传依然到处散布。凯撒计划对安息进行远征，有人说《西彼拉占语集》（*Sibylline books*）预示除了国王没人能取胜，因此凯撒会在罗马之外使用这一名号。此事将在三月十五日的元老院大会上决定，之后凯撒将率兵出征安息。

我们无法知道凯撒心里是否想获得国王的称号。即便他这样做，也不会增强他的权力和地位，凯撒的永久独裁是绝对的。虽然谣传无法证实，这些话也说明凯撒当时的权势以及他对同仁的态度和举止。由于最后一个塔昆曾获得国王之名，罗马人耳朵里无时无刻不回想着一个邪恶的声音。国王（rex）和王权（regnum）都是可耻的词汇。对罗马人来说，最可怕的疑虑莫过于凯撒希望拥有这个令人厌恶的称号。如果人们认为凯撒想要这么做，那凯撒肯定曾有过非共和式的举动。凯撒将克里奥帕特拉带到了罗马并让她生活在那里，凯撒对这个女人如果不是坠入爱河，至少也说得上贪恋情色。克里奥帕特拉的到来冒犯了许多人，所有罗马人必须要接受她对凯撒的影响。凯撒并未审慎地顾及罗马人的感受，愤怒之下，人们可能会担心出现最坏的情况。与异邦女王调情嬉戏的凯撒会设法称王，人们产生这种想法又有什么奇怪的呢？

憎恨、恐惧和妒忌，凯撒的举动使大部分贵族胸中充满了此类情绪。凯撒有一点没有考虑到，即罗马帝国未来的治理形式，这使人们对未来的前景难以忍受。凯撒安排了下一任的执政官和其他几个行政职位，任命了一些行省总督。这些决策对共和国未来的自由而言是个不好的预兆。自凯撒回到罗马后，实行的一直是个人专制；永久独裁、称王的可能性以及诸如此类的决策都表明这种情况会持续下去。对共和派来说，这并不是个一劳永逸的解决办法。即便共和制效率低下，答案难道就是永久的专制、一个凯撒接着另一个凯撒？或者说凯撒死后，国家会不会回到低效的共和制？这是一个意味更为深远的问题，也是凯撒拒绝面对或试图用个人专制之外的方法去解决的问题。凯撒亲身经历了所谓共和制的治理形式的腐败，忽视了这一经验的意义，因为只要他活着，手中的权力就能保证继续依靠他本人维持的高效。

凯撒聪慧的头脑可能没有考虑到这个问题的重要性及深度。他认为共和体制徒劳无益，除非把它作为自己的工具。据说凯撒把共和制称为没有架构的影子，他也依照这个假定采取行动。凯撒还称，苏拉放弃独裁官一职说明他对政治一无所知。他毫不犹豫地抓住永久独裁官以及无能的元老院授予他的其他权力和荣誉，并且行使这些权力时毫不掩饰或者说从不有意加以节制。结果，凯撒及其所作所为成了对共和制的公开否认。对凯撒而言，这无所谓，因为他认为这没有任何意义，但凯撒没有看到自己给许多人造成了致命的伤害。有些人的家族在旧的传统中飞黄腾达，现在却发现自己的升迁只能取决于一个人的支持。还有一些人对共和制的观念和理想有着深深的眷恋，认为共和制由他们的祖先一手创立，罗马因之崛起壮大，它似乎是罗马历史和命运的同义词，他们对这种体制充满了非理性的爱，我们称其为爱国精神。他们并没有像凯撒那样逻辑清晰地看待共和，而是对之满怀深情。在这些人看来，凯撒的权力和地位是对共和制的拒绝，而共和制不允许任何人成为永久的首脑，不允许一个人的意志（无论是谁）凌驾于整个国家之上。否则就是僭政，在罗马人的眼中，这样的行为就是君主的举止。无论共和制晚期境况如何，执政者从未以这种方式冒犯过人们的感情。以凯撒的才智，他恰恰没有看到这一点。

从罗马贵族以及那些真正热爱罗马及共和制的人的角度来看，无论从行动还是职位来说，凯撒都是僭主，两者都是对他们所熟悉热爱的共和制的否定。凯撒本人并不虚心听取建议，也没有办法向那些通过法律措施表达反对意见的人敞开心扉。这样看来，现在与未来似乎同样黑暗和险恶，如果凯撒对安息的远征凯旋，这种情况可能会有增无减。胜利将使凯撒在民众中更受欢迎，通过得胜的军队对国家的控制更加牢固。如果这样的话，他们诛杀僭主就是正当的、高尚的，他们会称设计谋杀凯撒有着崇高的目标，现在而不是以后采取行动是对的，因为到那时僭主会更有权势，杀手可能更难接近他。

即便承认凯撒的行为和职位是僭主式的，我们现在也不得不问凯撒攫取这些权力是否有正当的理由，这是否是一个疯狂迷恋权力、以自我为中心的人在肆意妄为，他的军事才能使其能满足自己对权力和职位的渴望。过去的六十年见证了共和制的逐步解体。公元前100年几乎爆发革命，但革命终于在公元前88年和82年降临。苏拉，第一次内战的胜利者，重新修订宪法使自己成为独裁官，这实际上证明世事已呈乱相。到公元前70年，形势没有丝毫好转，仍是苏拉改革前的样子。公元前70年至50年的特点是保民官和元老院不负责任；贵族们决心不惜任何代价保住自己的特权，如果有谁不按他们的规则参与政治游戏，无论多么能干，他们都设法推翻他。贵族派曾努力毁灭庞培，还曾设法终结凯撒的政治生涯，这一企图以前三头的结盟而彻底失败。最后，当决心不被毁灭的凯撒跨过卢比孔河时，贵族与权臣的争斗演变成了第二次内战。庞培和凯撒，还有其他人，都是直接或通过保民官寻求独立直接管理元老院。保民官的权力被过于频繁且不负责任地使用。这成了决定谁以及如何管理罗马世界的宪政斗争：是贵族通过元老院进行统治，还是由其他人通过公民大会来管理。内战爆发时，凯撒宣布支持保民官，庞培则声称支持元老院，这代表着一个决定性的问题。

在此期间，罗马人忽视了帝国的责任。总督武断专制，骑士阶层（equites）敲诈勒索，行省人苦不堪言。作为个体，他们普遍受到蔑视，作为行省，罗马对他们又非常不负责任。无论他们觉得自己遭受的不义如何惨痛，要在罗马法院得到救济近乎不可能。如果说韦雷斯（Verres）在搜刮百姓方面无与伦比，罗马对他的谴责也是非同一般。即便韦雷斯受到了谴责，西西里人也没有就他的盘剥得到任何补偿。罗马人举止的傲慢以后并未有所缓解。在以后的岁月里，大部分行省和大部分行省人无疑都痛恨罗马和罗马人，认为它们是自己不幸的源头，这些灾祸，他们既无力摆脱也得不到救济。行省人中流行着宿命论，接受他们无法避免的事情，尽管对之痛恨不已。公元前88年，亚细亚对罗马公民进行大屠杀，行省人希望米特拉梯达（Mithridates）是救世主。后来，如果出现可以求助的人，他们就会说他是米特拉梯达再世。但是没有这样的人出现，他们依旧过着悲惨的生活，罗马仍然不负责任。罗马坚持让各行省俯首称臣，却不照顾到他们的利益或者他们的生活。

城市国家的宪政机制每年召开地方官员会议，这无论如何都满足不了一个全球帝国的需要。只有下决心打破惯例做出必要调整、使管理体制运转起来，才能在目前的状况下维持罗马在世界上的地位。在过去几十年，没有人下过这样的决心，相反各个党派倒是为了政治权力斗得你死我活。一方决心保住它现在的地位和权力，另一方一心要打破对方的垄断，不让它独占治理罗马的权利。

凯撒的一生都用来反对元老派和共和制，在最后三十年的政治生涯中，凯撒经历的诸多事件对共和制皆有反映。出道之初，凯撒就宣布与马略和民主派结盟，反对元老院和控制着政府的贵族派。为了自己的政治前途，凯撒被迫参与公元前 70 年至 60 年的策划和密谋。鉴于凯撒始终如一地反贵族，他是否一贯地支持庞培并不重要，到公元前 60 年，凯撒已是贵族最为痛恨的"平民领袖"（demagogue）。如果说凯撒为了自己的目的利用保民官，甚至在公元前 49 年宣称要成为保民官权利的斗士，这不是因为他尊崇这个职位或担任这个职位的许多人，而是因为借助保民官独立立法是反对元老统治的唯一方式。凯撒本人在公元前 59 年就以相同的方式利用执政官之职反对元老院。不过，物色保民官要比寻找反对元老院的执政官容易得多。这样凯撒在公元前 59 年以后仍保持着控制力，凭借的是保民官和三巨头可能使用的武力威胁。当最后的斗争到来时，之前的政治操纵活动清楚表明凯撒仍拒绝接受元老院的管理，元老院则决心消灭这个反对自己权力和统治的祸害。

凯撒的整个政治生涯就是一场反对现有统治秩序的斗争，他认为这样的治理堕落腐败、效率低下、陈旧落后。因此，对凯撒而言，几乎不存在恢复共和制的问题。凯撒的思路和天性不会容忍共和制的种种不足或任之持续下去。在凯撒看来，共和制作为治理形式是一个失败，一个代价惨重的失败。共和制本质上以罗马为中心，结果变成少数家族极力维持的特权，个人的政治生涯成了他们关注的主要目标，而且往往是唯一目标。各行省被帝国政策忽视，受到总督和高利贷者的盘剥。凯撒的全球视野能够穿越罗马广场的狭隘边界，看到并珍惜罗马的伟大以及它所担负的责任。凯撒不想对此视而不见，或使其服从于罗马贵族自私的倾向及贪欲。他决心在罗马政府中引入效率和责任，确保人们不再把职位仅视为个人的荣耀,让各行省得到好的治理,给予它们应有的照顾,不再把行省人看作令人鄙视的二等公民,而是将他们当成一样有伟大能力的人,适当地给予他们公民权和担任官职的机会。

不只是凯撒认为共和国陷入病态,当时最重要的政治思想家西塞罗和撒路斯特也认同这一点,尽管两人在政治上相互对立。他们都认为共和国病情严重,需要高明的医生进行救治。两人虽然政治背景迥异,但都得出结论说这个人必须有实施救治方案的权力。尽管就如何救治想法不同,西塞罗和撒路斯特都一致赞成要恢复共和国的健康,没人能通过武力进行永久性的控制。撒路斯特是凯撒的支持者,期望凯撒能实现这个目标,曾两次写信给他建议如何着手完成任务。西塞罗同样想做这件事,但发现写这封信实在不可能。两人一度认为如果选择这样做,凯撒就能够完成他们赋予他的这一职责。西塞罗和撒路斯特最终看清凯撒并不想扮演这样的角色,意识到他不像他们那样热爱共和国。我们知道,在最后几个月凯撒的朋友没人赞同他的行为和立场。但是,凯撒心智上的傲慢和不耐烦的性格使他不能或者说不愿看到自己正在伤害那些情同手足的朋友。

共和国当时的境况能够让凯撒就自己拥有的权力进行正当的辩护;政府需要这样的举措,正如别人和他自己意识到的那样。从这个角度说密谋者是错的,而凯撒是对的,就罗马当时的处境而言,他们对诛杀僭主高贵品质的假设已然过时。不过凯撒所使用的形式,运用权力的风格,还是冒犯了的所有人。凯撒能够看到共和政府体制已经瘫痪,以为别人也看到了这一点,猜想人们不会对个人治理的方式有抵触,理由是这样能确保长期以来所缺乏的效率和责任。恰恰相反,对共和制的深情使他们看不到这一点,许多人没有意识到问题,因而也不知道凯撒这样做的理由,只觉得一切是出于凯撒的本性。他们无法把凯撒的行为看作是对一个严重问题的可能的答案,因为他们根本就没有看到问题。少数意识到问题的人只是在共和体制内寻找解决方案，他们深深爱着伟大的共和国。因此，双方没有什么共同之处；凯撒是个僭主，但时势呼吁强有力的个人。

这种情况真是一个悲剧性的反讽。双方都能表明自己是对的，又都真诚地采取行动，没能顾及到另一方的意见。凯撒发自内心地认为共和制是一个赝品；在大多数人看来，这就是共和国的全部。凯撒可能觉得这一点如此清楚，所有人都会同意他的分析和解决办法。他的仁慈（clementia）众所周知；没人会担心他利用极权处死政敌；相反他会给予他们大量的好处。赝品现已踢掉，取而代之的是一个开明高效的政府，挑选最优秀的人才让他们承担各项职责，凯撒这样认为。凯撒身居最高位，控制着所有的军队，结束内战确保和平。大部分平民（plebs）对共和国的理想要么感到陌生要么漠不关心，他们无疑对凯撒的管理体制相当满意。大部分意大利人对共和国谈不上热爱，罗马只是在战后给了他们公民权，而且并不准备在政府中提供很大的空间。各行省憎恨罗马，对任何考虑到他们的不幸并给予公正待遇的政府都会表示欢迎。这正是凯撒着手在做的事情。总体而言，凯撒的谋划并未偏离正道。

那些人数相对较少的团体无法对共和国的感情诉求麻木迟钝。他们的家族世世代代为罗马培育着将军和行政长官，这些人的辛劳塑造了罗马的帝国事业，对这些人来说做官和进元老院是唯一可能的生活。他们对共和制的诉求必然带有一层浪漫理想的氛围。许多人自私自利，对有人阻碍他们谋取视为自己特权的职业及与之相关的机遇暴跳如雷，因为他们本可通过这些原来畅通无阻的职位获得声望和财富。有人嫉妒凯撒，因为他没有把贵族想要的东西全部给他们，或者是妨碍了他们的希望或野心。这些人的敌意与其说是针对凯撒的管理方式，不如说针对的是凯撒本人。但这两伙人根本谈不上对共和制的诚意。要分析人的动机，发现什么是真正的用心，什么是表面的借口，实在是难上加难。

没人能对自己的内心了解得如此清楚。在这些群体中，许多人虽然有更为卑鄙的动机，但当他们加入到最重要的小组中时仍然是真心的，这个小组赋予密谋以真正的生命和意义。

小组由像布鲁图斯这样的人组成，他们认为凯撒的统治使共和国蒙受了耻辱，准备为共和国献出生命，这些人是此次密谋真正的灵魂。许多密谋参与者感受到这些理想的力量，但如果没有其他不那么令人尊敬的动机推动着他们，这些理想也不会如此强烈地促使这些人愿意为之献身。布鲁图斯代表着罗马无法容忍凯撒行为的一个团体，因为凯撒使共和国化为泡影。对有些人来说，罗马、她的命运和共和国是无法割舍的理想。撒路斯特和西塞罗能够以不同的方式算入其中。在密谋的参与者和旁观者中，有许多人不同程度地忠诚于共和国的理想。与凯撒有私仇的人决定为自己受到的伤害进行报复，正是这种忠诚使之表现为一种超出密谋的不同形式。这次密谋有个人报复的成分，但它被另一种更为高尚的因素所掩盖，这为暗杀凯撒提供了内涵和历史意义。

密谋源于罗马人内心深处的情绪和感受，因而不能被忽视。轮到奥古斯都解决困惑着凯撒的问题时，他非常谨慎地不去触动那些给他的叔祖带来死亡的情绪。在他的解决方案中，奥古斯都享有同凯撒一样大的权力，但他最为小心的是在言辞和行动中表现出对共和国理想的尊重，未经共和式的认可绝不去碰任何权力或职位，按照既定的共和程序取得自己需要的东西。因此，元首最终采取的实际形式很大程度上要归功于这次密谋，正如这次密谋要归咎于凯撒一样。正如凯撒所见，现实要求一个人的专制；正如密谋所证明，情感要求共和的形式和功用应得到尊重，无论做什么都应在共和模式内完成，而不是拒绝和毁灭它。

密谋者的盘算有一个致命的缺陷，说明他们完全没有注意到理性的（intellectual）问题。他们认为只是凯撒这个人伤害和冒犯共和国。对他们来说，这是一个个人问题：以他们的判断，在凯撒成为僭主剥夺共和国的运转权力以前，国家一直欣欣向荣，因而一厢情愿地以为只要除掉凯撒就能恢复共和制。这些人意识不到凯撒已经看到并想以自己的方式来解决的理性问题，即共和制的腐败和无力，这需要做必要的变革，尽管这些变革能够是非凯撒式的。西塞罗意识到需要有一个人掌控政府从而确保秩序和责任。不过，在他看来，这种影响必须在共和制的框架内实施从而保护而不是毁灭共和国。西塞罗因而最终憎恨凯撒的专制，尽管凯撒被杀后他总是哀叹密谋者诛杀的是僭主而非僭政，不过他对凯撒的死还是欣喜不已。如果在共和传统中沉浸的不是那么深，如果具备更强的超越所处环境的能力，西塞罗会看到这是凯撒失败的必然结果；事实仅仅是回到多年前的样子，拥有军队的将军能够将意志凌驾于国家之上，元老院的管理低效无能；谋杀凯撒是消极的，不是解决方案，在找到积极的解决办法前，罗马肯定会继续在不负责任和内战中飘摇。正如密谋证明凯撒没有解决问题一样，接下来十三年的内乱和流血证明密谋者也未能解决问题。奥古斯都的伟大成就是解决了凯撒和密谋者的问题（理性的和情感的），给罗马世界带来持久的和平。奥古斯都的解决方案在本质上受到了公元前44年3月15日的影响；如果看到必须要采取的治理方式与凯撒设计的没有什么不同，奥古斯都会注意到不去伤害那个小团体敏感的情绪，它的重要性远远越过其人数的多少。不管密谋者的动机如何不纯，密谋不只是一个不满者的策划，密谋者发出的声音是对国家及其体制的热爱，这是流淌在密谋深处的力量。

　　此次密谋在历史上的意义要远远大于尼禄的自杀，尽管后者也很重要。它昭示着罗马在从共和制向帝制过渡的过程中出现的危机。凯撒是共和制失败的结果，他的死是自己失败的结果。我们不得不认真思考这两个失败，它们塑造了罗马帝国的未来。谋杀凯撒本身没有取得什么成就，实际上是一种倒退，再次打开了内战的闸门。但由于密谋的主流是情绪化的，而非理性的，它代表和象征着潜藏在所有社会表层下面的深刻情感，这为许多可归为理性的计划设置了障碍。奥古斯都的解决方案不是理性的，但是对的。他能够将3月15日的历史意义转化为政府理论，即我们所熟知的帝国。

罗马贵族与凯撒之死*

马什（Frank Burr Marsh）

三月十五日突发的悲剧让这位伟大独裁官的未来规划和意图都笼罩在一种无法窥知的不确定性中。根据今天手头的材料，毫无疑问，没人能确定如果凯撒活到能最终解决宪政问题时，他会赋予政府什么样的形式。人们普遍认为，公元前44年的形势多多少少只是暂时的。凯撒只是利用某种形式或名分继续掌握取得的权力，这一点似乎相当清楚，但是以何种形式或名分则一直是猜测。现代史家沉浸于对此五花八门的推断中。有人提出，凯撒想要从安息返回时建立东方君主制，自己当国王。凯撒同时代的一些人相信或假装相信此类结论。还有人觉得这纯粹是凯撒政敌的诽谤，他们认为奥古斯都正确理解了凯撒的想法，即如果活着，凯撒很有可能建立一个元首制的政府。定论性的证据不仅今天手头没有，公元前44年时可能也不是现成的。不过，通过分析独裁官遇刺前实际采取的举措，我们可能会对此有所收获。由于其中一些措施的意义人们没有看到或重视，这样做就更有启示性。

公元前49年凯撒跨过卢比孔河，庞培和大部分地方官、元老落荒而逃，整个国家宪政陷入混乱。所能采取的最佳方案就是

---

* ［译按］本文选自《古典杂志》（*The Classical Journal*），Vol. 20, No. 8, May, 1925，页451–464。

建立过渡政府，临时履行管理职能，直到通过武力解决内战问题。后来，庞培在战场上被消灭，许多跟随者被宽恕并恢复了在国家中的官职，这时就有可能采取更为常规的方法。即便到了这个阶段，只要战争在继续，凯撒就有足够的理由维持一个临时体制。在公元前45年蒙达胜利之前，都无法说内战最终结束。和平来临时，官复原职的人似乎期望凯撒以一种永久的方式重组政府。这种期望注定会变为失望，这位独裁者着手准备针对安息的一场新征伐。在这些准备措施中，有一些似乎是在为凯撒从东方返回后想要建立的永久体制奠定基础。同代人正是根据这些举措来判断凯撒对未来的打算的。这些准备当然是导致暗杀密谋的一个因素，因此尤其值得认真分析。如果能够确定这些措施指往何处，我们就会对凯撒的规划及遇刺的因由有所了解。

首先要注意到，如果凯撒想按元首制的路线来解决，他肯定把生命中最后一两年的全部措施看作权宜之计，一旦安息战争结束立即废止。这有可能，但更有说服力的推断是凯撒想把最后几年的改革作为最终建立的体制的基础。地方官员数量的急剧增加可能恰恰证明了这一点。凯撒到离世时把总督的数量增加到十六名，市政官增加至六名，财务官为四十名。市政官的数量没有什么意义，但其他两个官职则不然。自苏拉起规定担任过财务官的人将在元老院拥有一个席位，财务官从二十增加到四十不可避免地使元老院的规模大幅扩大。另一方面，依照共和国的传统，总督一职与行省管理密切相关。能够管理行省长期以来都是罗马政治生活的一个奖赏，总督数量的变化所产生的影响必然让有些人刻骨铭心。

那么，凯撒让总督和财务官的数量翻一番又是什么动机呢？人们提出了这样几种解释。最明显的动机是管理上的需要。但以这种方式解释财务官数量的增加似乎有些困难。奥古斯都后来将这个数字降回到原来的二十，没有清楚的证据证明为什么奥古斯都对财务官的需求就比凯撒少。凯撒的动机可能在于元老院和总督，而不是财务官本身。凯撒将总督的数量翻一番，依照共和国的传统，不首先担任财务官就不能当总督，一个行政官员系列的翻倍可能是为了使另一职位相应增加成为必要或赋予正当的理由。很明显，如果要使老的荣誉阶梯（cursus honorum）仍然有效，当总督的数量翻倍时财务官的数量必须要增加，否则行政官员的选举会成为一场闹剧。

共和国晚期，总督有双重职能。在任职期间，总督在罗马是法官，任期结束派出担任行省总督。似乎没有理由认为罗马的诉讼需要法官的数量增加一倍。公元前 23 年，奥古斯都将总督数量固定为十名，但其中两名主管财务，法官的数量与共和国时期相同。到公元 14 年，总督数量增加至十二名，包括两名财务总督在内。从这些事实可以看出，很难让人相信公元前 44 年的十六名总督是基于罗马司法业务繁重而增加的。我们必须要从总督在行省的职能而不是在法庭上的责任来寻求增加数量的动机。① 从这个角度来分析，凯撒这样做就有充足的理由了。

苏拉时代，罗马共和国负责管理十个行省，即西西里、撒丁岛、两西班牙、两高卢、非洲、马其顿、亚洲和基利（Cilicia）。由于增加了几个新的行省，总督数量因而要相应地增加，就是克里特、卑斯尼亚（Bithynia）、叙利亚、努米底亚（Numidia）、伊利里亚（Illyricum）和仍属于半政府状态的山北高卢（Gallia Comata）。蒙森又在这个清单上增加了昔兰尼（Cyrene）和亚该亚（Achaia），将行省总数增加到十八个。② 罗马人自公元前 74 年开始统治昔兰尼，但似乎由行使总督职权的财务官（quaestor propraetore）管理，奥古斯都治下昔兰尼与克里特合并。有人可能怀疑凯撒是否会认为在稳定时期可能由前总督担任长官。正如后来

---

① 已有几位著者指出增加总督数量的动机，如 T. Rice. Holmes，《罗马共和国》(iii, 320)。E. Meyer，《凯撒君主制》(*Caesars Monarchie*, 461) 也提到了这一点。

② 见 *Hermes*, xxviii, 1893, 599–604。

有时发生的情况那样，亚该亚可能与马其顿合并。另一方面，凯撒无法让如此广袤的山北高卢长期作为一个独立的行省。奥古斯都后来将山北高卢分为三个行省，他很有可能只是遵循了凯撒的规划。如果凯撒想提供充足的管理人员，他会任命多得多的总督。即便十六名总督可能已属罕见，凯撒从未考虑过将这一数字减少到公元前45年的十四名以下（Dio, xliii, 47）。即便将两名执政官算在内——凯撒将两名副执政的任期延长至两年——凯撒也只能为二十个行省提供十六名总督，没有职位留给率军攻打安息或征讨东方的将军。当独裁官遇刺时，雷必达掌管着两个行省，普隆卡（Plancus）实际控制着整个山北高卢。

有一点似乎清楚，帝国疆域的扩大为增加行政官员提供了正当理由，至少这是主要动机之一。如果真是这样，它应是了解凯撒未来打算的一条线索。行政官员数量的增加似乎表明，凯撒并未考虑奥古斯都建立的两头政治（dyarchy）。

当着手组织一个永久性的政府时，奥古斯都发现自己不得不为一些行省派管理者，实际凯撒也曾被迫处理这个问题。旧共和国的传统体制有八名总督，两位执政官，即便副执政的任期延长至两年，也都无法为十八到二十个行省提供充足的治理者。基于目前我们所理解的理由，奥古斯都不希望像凯撒那样干预共和体制，他设计出了另一套解决方案。他的方法，现代人普遍称为两头政治，其核心是出于治理的目的将罗马世界分为两个部分。共和国仍保留一些行省，像过去那样由副执政和副总督进行统治。在不改变管理体制的前提下，共和国可管理尽可能多的行省。① 其余的行省交给奥古斯都，起初大部分由其亲属治理，不

---

① 公元前27年，公共行省的数量固定在十个。这一数字后来有所变化，但总数浮动不大。公元前22年，公共行省增加至十二个，公元前11年又减至十一个，公元6年又回到十个。由于大部分时间里，总督的数量是十位，而且副执政可任两年，总数似乎较少，但由于罗马职位与行省职位间有五年的间隔，一些地方官员其实并没有到行省赴任。

需要征求元老院贵族的意见。从某种意义上说，这一安排只是为了使共和国的机器再次运转，在它所能管理的范围内将足够大的罗马世界交给共和国。剩下的行省留给元首，他的管理独立于共和国。要使共和国能管理整个帝国，就要对共和宪政进行重整。两头政治通过创造出一个双重行省管理体系，使奥古斯都不用进行这样的调整，从而尊重古老的共和形式。尽管肯定知道增加地方官员的数量会招致深深的怨恨，凯撒仍然这样做，这个事实表明凯撒想为整个罗马世界建立一个单一的管理体系。在作这一决定时，凯撒站在了一个岔路口，他向同代人清楚地表明了他的选择。统一的管理体制恰恰意味着公开承认君主制，明确排除了以任何罗马贵族能够或愿意接受的形式恢复共和国的可能性。通过两头政治，奥古斯都能够恢复共和国，正是这一恢复使贵族臣服于他的统治。我们只需要对这些问题进行简要的分析。

　　皇帝无法安心地放松他对边境行省的控制，那里驻扎着大量的军队，这一点自古以来肯定人人皆知。如果凯撒想在单一体制的基础上让前地方官员管理行省，他就不得不对选举以及在地方官员中任职的行省分配进行严格的控制。允许人们选举一些与凯撒敌对的人当执政官，让他们通过抽签到行省任职，然后成为一支庞大军队的统帅，这近乎精神错乱。奥古斯都能够允许展示出某种自由，只是因为所有真正重要的行省从一开始就交到了他的手里。① 凯撒似乎已经对整个局势有清楚的认识，没有通过抽签任命总督（Dio, xliii, 47）。鉴于要远征安息，凯撒利用权力大量任命以后三年的地方官员。② 一旦从东方成功归来，一旦凯撒在单一体制下继续管理各行省，这种控制或类似措施就可能成为政

---

① 奥古斯都起初允许共和国享有真正的自由，公元前 21 年和 19 年斗争激烈的选举和公元前 18 年和 8 年通过的反贿赂法就表明了这一点。还见塔西佗，《编年史》，i, 15。

② 西塞罗, Att., xiv, 6; Dio, xliii, 51。阿庇安（《内战记》，ii, 128）说是五年。

府永久性的组成部分。需要进一步注意的是,当奥古斯都发现自己家族太狭小无法胜任统治帝国中分划给自己的部分时,他逐渐加强了对选举的控制。到奥古斯都统治末期,选举变成了一种形式。

因此,凯撒增加地方官员似乎指明他并不想与元老院共担职责。管理上的需要指向一种以凯撒为中心的中央政府体制,也必然暗示着他对整个共和机器的彻底控制。如果考虑过其他安排,凯撒肯定把增加地方官员看做是临时的权宜之计,安息战争结束后就修整或废除。没有证据证明这种可能性,凯撒的同代人似乎并不怀疑变革的临时性。他们的憎恨一部分源于这样一个事实,即他们清楚看到这些变革显然不是恢复古老共和国的计划。

但当时的形势还有另一个需要我们考虑的方面。奥古斯都建立的两头政治对凯撒来说要比他的养子更为困难。元老院大部分都是庞培派,基于对元老院的同情和仁慈,凯撒宽恕了他的对手并恢复了元老们的官职,结果是让对手的残兵败将充斥元老院。大多数元老对凯撒恨之入骨,以至于在他遇刺后彻底揭露凯撒的所作所为。凯撒可能心明眼亮,对元老们堆在他身上的恭维背后的真正情感一清二楚。① 与这样一个机构保持关系似乎比较危险,尤其考虑到凯撒想要远征东方。从当时的形势来看,让元老院处于一个能够行使真正权力的位置很难说是审慎的做法。如果凯撒想要仿效苏拉重组共和国,他必然会着手对元老院做同样的事情。凭借监察权,凯撒本可以将政敌从元老院中驱逐出去,让自己的朋友占据这个机构。但这样做面临极大的困难。元老院的大部分权威是道德性的,而不是法律性的,按这种方式重组的元老院在罗马人心目中不会有什么分量。这样的元老院很可能会沦为克伦威尔后期的上议院,招来的除了轻蔑外一无所有,无法对治

---

① 凯撒死后西塞罗给阿提库斯讲的轶事表明,凯撒完全意识到贵族们的仇恨。西塞罗, Att., xiv, 1。

理提供真正的帮助。考虑到罗马人的感情,如果说凯撒饶了庞培派的性命,他未能很好地把他们剔除出元老院,如果说允许这些人进元老院,凯撒则又不敢完全信任元老,让他们在治理中发出真正的声音。除非元老的构成大幅调整,否则元老院不会成为独裁官的可靠伙伴。增加行政官员数量可能是凯撒想要改变元老院组成的一次努力。

财务官的数量从二十增加到四十显然会为元老院注入大量的新鲜血液,而总督从八个增至十六让许多人迅速走到前台。古老的家族可能无法依传统每年提供二十名财务官,但增加的总督必须要从凯撒派的新人中选取一定的比例,如果说不是全部的话。几年后,这会逐渐但非常有效地改造元老院,届时组织一个永久政府的目标将会简单得多。通过对安息作战,凯撒可能找到一个非常好的借口,推迟寻求解决问题的努力,直到几年后这一解决方案成为可能。这当然不是安息战争的唯一原因,但可能是凯撒不经意从战争中捞取的好处。

至此,我们都是从凯撒的角度来考虑问题。还需要追问的是,掌管着那个疲弱不堪体系的元老院和贵族有可能如何看待这一形势。我们应该记住,罗马贵族从根本上讲是一个职位。那些家族都被看作隶属于官僚体系,祖上曾担任过最高行政职位。每位元老的职衔由他担任过的职位的荣耀来确定。而家族的级别则是由成员曾担任的最高官职评判。理论上讲,贵族对所有具备担任职位必要条件的公民开放,但实际上已经取得贵族头衔的家族形成了一个紧密同盟,极力把所有后来者排除在外。在共和国的最后一个世纪,贵族不仅具有高度的阶层意识和排外性,而且能够维持对重要职位的实际垄断。在这种情况下,总督和财务官数量的增加必然会大批量制造贵族。以前贵族是由八名总督和二十名财务官的任职结果产生,如果从现在起,分别增加到十六名和四十名,就不可能阻止大量新人的晋升,他们的后人借此也可获得贵族头衔。现有的贵族家族如何看待这件事似乎非常清楚。人们肯定会联想到英国上院面对此类威胁时的内心感受，阿斯奎斯（Asquith）政府为了通过议会法案曾制造出大批的贵族。罗马贵族当然像英国同行一样担心失掉自己的职位，所以，无法期望他们以赞同的心态看待这一既威胁到他们的社会等级和荣誉又会打破官职垄断的政策。无论凯撒的意图何在，他的行为实际上是要对元老院进行重组，这必然标志着对罗马贵族的改造。独裁官的措施，不管背后是什么样的动机，肯定会使元老院的规模翻一番，进而必然使贵族家族的数量激增。这个政策受到憎恨再自然不过，这种憎恨很可能是刺杀密谋的起因之一。

增加贵族的数量有许多强有力的理由，但这不必然使这种政策更合贵族的心意。由于从凯撒的立场要比从贵族的角度能更清楚地看到这些理由的分量，这一点就更加正确无误。在整个政治生涯中，凯撒一直在与罗马贵族家族的寡头政治作斗争。他始终反对他们，贵族们也一直公开表示对凯撒的强烈憎恨。凯撒无法想象自己在内战中的取胜改变了他们的态度，有人可能认为凯撒把这些人看作一个理想的阶层，通过贵族来管理自己赢得的帝国。不过，罗马世界对由贵族统治的情感认同如此之深，除非采用某类贵族形式，除非在贵族中寻找官员和统治者，尽管他终其一生反对这些人，以至于凯撒没有别的办法来重建统治阶层，无论凯撒改革背后的意图是什么，这难免都会导致最终的结果。合理的结论似乎是，凯撒非常清楚地认识到这些结果，这些措施不过是一个要精心达到的目标的一部分。如果是这样，我们必须要设定，凯撒通过大规模制造新贵族来扩大现有的贵族阶层，从而建立一个新的统治队伍。凯撒可能认为老贵族数量上太有限，对自己还有自己的改革成见太深，不管凯撒通过改革要为一个什么样的体制奠定基础。几年后，罗马将会出现一个新的皇家贵族，一些老家族似乎不会心甘情愿地退回到幕后，任凭新贵族取代他们出任国家的重要职位。即便凯撒脑子里没有这样的规划，老贵族把他的行为看做是此类设计的前兆，用匕首来反对也是相当自然的事情，因为已经没有其他的手段来阻止凯撒政策的推进。

现有的贵族数量并不足以管理整个帝国，这可能千真万确，但这种想法可能仍无法让现有贵族认同。即便无法赞同温和渐进式的变革，贵族也可能会忍受，但凯撒的改革方式对贵族来说，似乎只是抛弃他们的第一步。这样做使贵族痛入骨髓，因为他们最顽强为之战斗的一件事就是职位垄断。贵族要亲手管理罗马世界的热切决心潜伏在他们所讨论的自由与共和国背后。认真阅读西塞罗的信函就会发现他对此深信不疑。这些书信表明，对西塞罗而言，共和国就等同于元老院。但在整个共和国期间，元老院只不过是贵族的工具，元老院的统治实际上意味着构成罗马贵族的大家族对公共事务的控制。这种寡头政治，尽管对一个主人不适应，但可能臣服于一位仍让他们占有职位并对他们的社会声誉表示一定尊重的君主。凯撒并不想做这些事情，而是通过有可能让贵族毁灭的改革着手进行统治。不仅老家族将看到他们对职位的垄断被打破，而且行政官员数量的增加很快会使贵族的特性发生深刻的变化。有一天，伟大共和国的元老们会发现自己置身于一群受凯撒青睐而得到提拔的新人中。对于高傲的贵族和那些坚守寡头政治的人来说，这样的前景是无法容忍的，他们仍相信贵族有着根本的（如果说不是神圣的）统治权利。

奥古斯都清楚地意识到问题的这几个阶段，而且可能要比伟大的朱利乌斯更清楚。无论如何，在最终解决方案里，奥古斯都完全放弃了凯撒预示的整个政策。他费尽心机安抚贵族的感情，抛开大批制造新贵族的想法。奥古斯都将行政官员的数量减至原来的数目，遵守了其尊重老贵族特性的许诺。奥古斯都的确弥补了放逐和内战所造成的空缺，但主要是通过提升旧贵族中级别较低的人员。在统治的早期，奥古斯都似乎提拔了一些新人当执政官。对于重组的贵族而言，奥古斯都使用一种对其排外性伤害尽可能小的方式，他将旧体制能够管理的尽可能大的疆域交给共和国，同时让元老院从沉重的负担下解脱出来，不再管理其他的地区，从而有必要增加一定数量的贵族。从这个角度来看，元首在约束最小的情况下解决了问题，这也可能是旧贵族最能接受的方案。新人的提升是渐进式的，不是大规模的，寡头政治的偏爱得到了很大程度的尊重。贵族的社会声誉没有受到损害，按照元老院在罗马世界所占的统治比例，普通贵族觉得他们同共和国时期一样有机会担任高职。

到了统治末期，奥古斯都的控制开始更为专制，共和国的形式已经从现实中消失。即便在这时，奥古斯都仍认真考虑贵族垄断某个职位的要求，按照贵族的级别来安排自己行省里的主要职位。塔西佗的评论暗示，贵族并不完全反对奥古斯都扩大自己的专制，因为塔西佗说奥古斯都战胜安东尼后，

> 放弃了三头之一的头衔，声称自己只不过是一个普通的执政官，只要保护普通人民的保民官的权力便感满足。他首先用慷慨的赏赐笼络军队，用廉价的粮食讨好民众，用和平安乐的生活猎取世人对他的好感。然后再逐步地提高自己的地位，把元老院、高级长官乃至立法的职权都集于一身。反对他的力量已荡然无存：公然反抗的人或在战场上或在罗马公敌宣告名单的法律制裁下被消灭了；剩下来的贵族则觉得心甘情愿的奴颜婢膝才是升官发财的最便捷的道路；他们既然从革命得到好处，也就宁愿在当前的新秩序之下苟且偷安，不去留恋那会带来危险的旧制度了。①

迪奥见证了同样的情形，他说奥古斯都在自己老年的时候不愿冒犯任何元老（Dio, lv, 12），我们从此可以推断说，贵族不怎么关心帝国以何种方式得到治理，只要他们自己能获允担任官职

---

① 塔西佗，《编年史》，i, 2, Ramsay 译文。（[译按] 中译为王以铸、崔妙因译文，商务版，2005，页 2-3）。

参与管理即可。如果这是他们早期的感觉，我们会推论说凯撒遇刺不完全是缘于错误地对自由的热忱，部分原因是凯撒的改革似乎威胁到作为统治阶级的寡头们。他们攻击凯撒不完全是因为他杀死了共和国，而是因为凯撒似乎想在没有贵族帮助的情况下管理帝国，凯撒的行为直指官职的垄断，这恰恰是贵族生死攸关的根本。贵族甚至觉得，通过反抗凯撒及其改革，他们是献身某项事业而非一己私利的斗士。在贵族阶层中汇聚着罗马法律和统治的传统，这个阶层过快的转变可能是一件危险的事情。我们今天会认为，任何变化都可能走向更好，但很难期望罗马贵族通过我们的目光来看自己。像西塞罗和卡图这样的人都完全信从贵族统治世界的神圣权利，质疑其是否胜任当然会让贵族们心神不宁。

如果活着从东方凯旋，凯撒可能会在已打下的基础上建立一个永久政府，会提供一个更广泛的新贵族统治阶层，但没有像后来两头政治那样的安排，凯撒的职位必然会比其养子从治权上说更公开、更能得到公众认可。凯撒必然会控制选举，管理在前行政官员中行省的分配。凯撒可能会在元老院中办理公务，从贵族中选择所有官员，就像塔西佗所说的提庇留在统治早期所做的那样（《编年史》，iv，6），但会是在新的元老院，新的贵族中。即便凯撒自己就此做承诺也丝毫不会令贵族满意。元老院遍是暴发户，新贵族几乎与旧贵族人数相当，这样的前景让人既无法高兴，也无法和解。尊重贵族的特权是一种嘲讽，除非凯撒让贵族的本质保持不变。谋杀凯撒是共和派旧贵族的最后一次努力，他们不仅想保留对职位的垄断，还要挽救自己的阶层，不让批量制造的新贵改变其特性。从表面上看，谋杀是一次悲剧性失败，但当注意到奥古斯都如何小心翼翼地尊重旧贵族残存家族的意见时，我们不能不说从某种意义上讲是个成功。

凯撒的最终目标[1]

埃伦伯格（Victor Ehrenberg）

千百年来，凯撒遇刺，人们念之议之，反响不绝，聚讼纷纭。但丁将布鲁图斯和卡西乌斯打入地狱最底层。马基雅维里和十八世纪则把他们奉为诛杀僭主的伟人，自由的斗士。罗马人的意见同样壁垒分明。[2] 这一事件至少意味着罗马会出现新混乱，爆发新内战。凯撒遇刺对历史意味着什么？前面的话表明历史并未做出定论。但纪事作家非常想知道，如果凯撒在五十六或五十七岁时没有遇刺，会发生什么情况。凯撒对自己、对罗马、对帝国都有着什么样的规划？我们永远也不会有确定的答案，但要找到至少是接近凯撒的真相，同时理解密谋者，这个问题就至关重要了。许多人曾就此著书立说，古代史家有理由对布鲁图斯和卡西乌斯表示感激，因为他们实质上维持着这些人的生计。

没人怀疑凯撒死时地位已相当于君王，问题在于凯撒是已心满意足还是想要更多的东西。还有一个问题是，凯撒的地位是以什么样的方式表达出来的。大部分证据都是凯撒死后的，这使得这些问题更难回答。这时，其他的神（divi）和地位接近或达到主或神（Dominus et Deus）的帝王已经把凯撒升格为朱利乌斯神

---

① ［译按］本文选自《哈佛古典语文学研究》，Vol. 68，1964，页 149–161。

② 比较 W. Schmitthenner 先生在《科学教育史》（*Geschichte in Wissenschaft und Unterricht*，1962，页 685）中的调查和想得出"公正"结论的努力。

(Divus Iulius)。蒙森把凯撒理想化，几乎奉为救世主一样的人物。在蒙森的学说失去影响力（而不是才华）后，现代学术观点分为两个对立的极端。一方认为，凯撒以永久独裁的方式在罗马建立了元首（imperator）专制，而罗马之前是共和制；另一方主张，凯撒遵循希腊模式建立的是神圣帝国（deus et rex）。令人惊讶的是，这近乎可以用国界线来划分。大部分德国和法国史家主张"神与国王"，甚至格尔策教授也是如此，尽管他充分意识到凯撒是个精明的政客。① 大部分英国学者否认神性和君主制。像泰勒（Lily Ross Taylor）② 和科林斯（Collins）③ 等美国学者倾向于接受迈尔（Eduard Meyer）④ 表达的立场，鲍尔斯登⑤和卡森（Carson）⑥ 则重新表述了英国的观点。奥尔弗尔迪（Alföldi）⑦ 教授自成一派，不仅提出凯撒最后两个月的年表，还认为凯撒的目标是重续罗马古王制。像希腊王制或罗马王制这类标签尽管有时实属必要，但并非毫无危险。这样的标签涵盖的内容有可能太多也可能太少，甚至会扭曲事实。我应认真分析我们所了解的情况。

---

① 格尔策，《凯撒：政客与政治家》（*Caesar. Der Politiker und Staatsmann*, 1960）。但 E. Badian 在对格尔策著作（*Gnomon*, 1961, 页 597）的书评中发现"在他的心中……有两个凯撒"，务实的政治家和蒙森所说的超人。从某种程度上讲，正如书名所示，格尔策可能赞同这一论述。

② Lily Ross Taylor, 《罗马帝国的神性》（*The Divinity of the Roman Emperor*, 1931, 页 60）和《凯撒时代的党派政治》（1949, 页 174）。

③ John H. Collins, *Historia* IV, 1955, 445。

④ Eduard Meyer, *Caesars Monarchie und das Principat des Pompeius*, 1922, 全文。

⑤ J. P. V. D. Balsdon, *Historia*, VII, 1958, 80, 这篇文章体现作者一贯的敏锐和才智，但不那么令人信服。

⑥ R. A. G. Carson, *Gnomon*, 1956, 181。

⑦ Andreas Alföldi, *Studien über Caesars Monarchie*, 1953; 比较 Schweizer Münzblätter, 1953, Heft 13。奥尔弗尔迪教授告诉我，他正准备根据大量古币证据写一部新的作品。这种意愿自然令人产生极大的兴趣。迄今为止，他的理论尚未博得喝彩。比较 Carson, *Greece and Rome*, 1957, 页 46。D. Felber, 《罗马史个案研究》（*Einzeluntersuchungen zur altitalischen Geschichte*），与 F. Altheim 合著, 1961, 211。

没有材料，至少是文学资料，硬币会是一片空白，虽有说服力也是模糊不清。最重要的材料来源当然是同代人，即西塞罗和他的通信人。西塞罗的著述中相关段落只有几个，正如阿德科克爵士（Frank Adcock）① 所说，"数量之少应令我们警惕"。这当然是正确的，但这些段落同时又说了大量的情况，有鉴于此，现代学者分歧到了如此地步仍让人惊讶。不过，研究者们普遍认为苏维埃托尼乌斯和迪奥保留了一些一流的材料，有些是可靠的言辞，有些是元老院法令（acta senatus）。鲍尔斯登警告我们要慎重使用这些材料，自己却几次在没有其他材料佐证的情况下使用。对史家而言，陷阱可能是鲍尔斯登对元老院授予凯撒荣誉的法令感到困惑。政敌提出凯撒跟随者有可能"煽动闹事"（agents provocateurs），元老院在这种情况下颁布法令授予凯撒称号，而凯撒对这些要么巧取要么豪夺；另一种可能就是鲍尔斯登可能遵循了"材料中没有的，生活中也就不存在"（quod non est in actis non est in vita）的原则。例如：3月17日，元老院做出了著名的同时也是自相矛盾的决定，废除独裁并确认凯撒颁发的所有法令有效，没有撤销凯撒的任何法令。鲍尔斯登认为这一决定表明凯撒没有采取任何措施把自己塑造为神和帝王。但事实是否如此？我们应看到有关这一问题的证据无法算作材料。至少有些事实源于同代人的材料，我们有足够的理由使用一些经过证实的后期材料。

有些东西可以从凯撒对苏拉的评判中学到。公元前49年3月，凯撒写信给其著名的政治代理人奥皮乌斯（Oppius），并想把这封信给西塞罗看（Att. IX 7 C）。信中说他并不想与苏拉——这位唯一长期保持了胜利果实的人——保持密切的关系；凯撒与苏拉的差别就在于宽容和大度（misericordia et liberalitas），简言之就是众所周知的仁慈（clementia）。凯撒没有宣布过谁为罗马

---

① F. E. Adcock, *Cambr. Ancient History* IX, 页718。

公敌。

这不仅仅是宣传；凯撒至死都坚持这一原则。其他的情况又如何？苏维埃托尼乌斯（77）保留了凯撒的原话，凯撒说苏拉对政治一无所知，共和已是有名无实。苏拉曾是共和国任命的独裁官，最终辞去这一职位，让重新恢复的共和国受元老院软弱的领导，由像庞培这样的政治将领进行支配。凯撒自公元前46年的塔普萨斯（Thapsus）战役开始任独裁官，可能是共和国任命的。凯撒先是担任了为期十年的独裁官，然后又转为终身独裁官，根据传统的年表，终身独裁官的任职开始于公元前44年2月15日之前。这使独裁官的称号变得毫无意义。凯撒彻底摧毁了独裁官的本质——时间限制，而任期是共和国防范个人极权的保护措施。最初担任独裁官时，凯撒努力遵守宪政法律规定，但在公元前46年和45年的第三、四届就走向了极端。当凯撒将这一罗马古老的任职传统带到顶峰时，这个职位的本质也就被毁掉了。从另一种意义上说，凯撒再次证明他不是第二个苏拉，不是政治文盲，不操心去维持空洞的共和形式。

现在谈谈西塞罗，他与凯撒的关系是非常著名的。我们想了解的是，对于西塞罗这样思想易受别人左右的人，凯撒本人以及在最后的岁月里他的职位都对其施加了什么样的影响。公元前45年5月，西塞罗致信阿提库斯（Atticus, XII 40），谈及自己徒劳地想仿照亚里士多德和特奥彭波斯（Theopompus, 两人都写过 Ad Alexandrum）写咨议（Symbouleutikos），这是本关于统治者职责的理论建议和哲学解释。西塞罗无法像他们那样写可敬又可爱的亚历山大（honesta et grata Alexandro）。"但相似之处是什么呢？"（Sed quid simile?）两周后，西塞罗相当清楚地说明凯撒为什么不是提供建议的对象。在此期间，凯撒已与奎里纳斯共享神庙（synnaos Quirini, XII 45），他拟建的新王宫将与阿提库斯在奎里纳尔（Quirinalis）的房子相邻。西塞罗刻薄地挖苦说，他宁愿凯撒的像与战神奎里纳斯（Quirinus）而不是健康女神萨卢斯（Salus）

放在一起，与神化的罗慕路斯（据传说，罗慕路斯是被元老们谋杀的）而不是健康和财富之神共享祭品。在西塞罗看来，凯撒与亚历山大和罗慕路斯属于同一类人，但要比之恶劣得多。凯撒的庙像并不意味着凯撒的神圣，克里奥特拉在朱利安家族神——维纳斯女神神庙中的塑像也是如此，但两者当然都已高于人的水平。对格尔策这样严肃清醒的纪事作家而言，这些史实只是确认了罗马已经建立起了统治者崇拜。同罗马第一位也是唯一一位神化的国王罗慕路斯一样，凯撒是国父（parens patriae），国家的创造者，至少是再造者。西塞罗写道，亚历山大被称为皇帝后（postquam rex appellatus est）并未变得傲慢、残酷和无节制。这与凯撒有天壤之别！在自己的随员成为战神的扈从（contubernalis Quirini）后，凯撒如何能对西塞罗温和的书信感到高兴？在西塞罗眼中，凯撒的地位显然与国王没有实质的区别。如下情况并不能驳倒这一点。西塞罗当着凯撒的面提到了国王德奥塔鲁斯（Deiotarus），说他遭受诽谤是由于将塑像立在了神中间（Statua inter reges posita），并带着讽刺的语气说："当看到许多像时，谁还会抱怨一尊像，尤其是单身像呢？"此外，凯撒塑像移往神庙的隆重队伍使他至少显得像一位有神性的人。

有学者认为，这些事实并未提供证据证明凯撒的神性角色，因为奥古斯都同样接受了一些荣誉，例如与罗慕路斯-奎里纳斯的关系，在许多神庙中设立塑像。一两代人之后发生的事件并不必然与前代人的相同。奥古斯都仅凭姓名已非同常人，尽管他限制了一些授予其神圣荣耀的企图，但有证明表明奥古斯都即使在西方也可称为神。对凯撒与奥古斯都进行对比是自然的，比较的顺序从凯撒到奥古斯都，或相反，无论以哪种方式都能给人以启发，但无法提供绝对的确定性。

公元前45年7月，情况变得更为公开，在庆祝凯撒胜利的游行中，凯撒的塑像与胜利女神及其他神明的像比肩而立。当布鲁图斯劝说西塞罗参加凯撒神像仪式时，西塞罗答复说：令人恐惧的游行（pompa deterret）。西塞罗有时称凯撒为国王（rex）。王权（regnum）、王政（regnare），甚至国王（rex），的确都是普通名词，没有太多的含义，尤其是像西塞罗这样在非正式场合中使用，他的语气是半开玩笑但又痛苦的听之任之。"我知道他是帝王，但我已全无斗志"（Att. 13, 37）。3月15日凯撒遇刺后，西塞罗写信给马提乌斯（Matius）——凯撒最正派无私的跟随者之一：如果凯撒是君主——我认为他是（si Caesar rex fuerit - quod mihi quidem videtur, Fam. 11, 27）。西塞罗当时对其他人只提到了僭主（tyrannos）一词。

西塞罗自己的态度无疑摇摆不定。西塞罗宣称不会提供任何服务（non omnibus servire，"我不愿成为凯撒的傀儡"），但他有时非常渴望与凯撒的关系不要断绝。西塞罗有一封著名的信函，描述了凯撒公元前45年12月对自己的拜访（Att. 13, 52）："人们之间相互拜访——我们在一起非常友好。你不会对凯撒说：亲爱的，我是你的朋友，返程的时候到我家里来。噢，不，一次就够了。"凯撒自己意识到他对待西塞罗这些人的方式注定会结仇，西塞罗为了受到接见不得不在门房里等（Att. 14, 1）。西塞罗厌恶凯撒周围腐化的宫廷氛围（比较 Fam. 6, 19, 2），不过他的态度也前后不一。西塞罗有关共和国最高职位堕落的刻薄笑话众所周知。凯撒在一年的最后几个小时里任命了一名执政官，在他的治下人们既不会吃午餐也不会犯罪，[①] 而且这名执政官在整个任期里从未睡过觉。是不是很有趣？是的，但是：如果亲眼目睹，你的泪水就止不住。

我们可以认为西塞罗书简没有明确说凯撒是神化的君主。但我们同样也无法否认，西塞罗对罗马共和传统的看法有许多不一致的地方。我的一个决定性主张就是事实，尽管没有宪政的形式和称呼，给予凯撒的地位远远高于简单的独裁，甚至包括终身独

[①] 罗马执政官每年一换届，这名执政官只能任职几个小时，因此有这样的说法。

裁。当谈到安东尼废除独裁（dictatura）时（Phil. I 3），西塞罗说独裁"已经获得了皇权的力量"。公元前 45 年，西塞罗在凯撒家里（大祭司的皇宫）当着凯撒的面发表演说 pro rege Deiotaro。他列举了对皇帝的种种赞誉：要勇敢、公正、宽宏、慷慨、仁慈、高贵。西塞罗甚至主张君主在国家中神圣不可侵犯，尽管与人持有友谊的君主是神圣的。所有这些并不自然地指向罗马国王，但它表明一种认可专制价值和希腊专制理论的理想的意愿（当然不是真心的，甚至可能有些许讽刺）。凯撒是君主，尽管是无冕之王，但我们要意识到，名称决非毫不重要，只是说"称号能有什么"并不是足够好的态度。

  作为神明的凯撒又怎么样呢？有两个重要的段落就是《腓力比克》（Philippics）II 110（在接下来的一段又加以重复）和 XIII 41.47（比较苏维埃托尼乌斯《凯撒传》，76）。塞姆（Ronald Syme，他就此赞同阿德科克的看法）称前一段是"非常难懂的篇章"。[1] 在所下的两行脚注中，塞姆补充说"几乎无法证明凯撒设计了一整套统治者崇拜的政策"，这回避了问题。沃格特教授（Vogt）[2] 曾说出这段话的重要内涵：他要取得更高的荣耀是为了享有神座、塑像、山墙和祭司？我们分析一下这四个概念。神座（pulvinar）就是配有软垫的长榻，在飨神节（lectisternium）使用。节日里，诸神的塑像象征性地放在长榻上。人们供奉一次宴会，实际上最后由参加宴会的人（epulones）大快朵颐。为了向凯撒表达敬意，罗马在特定的日子安排了一次单独的飨神节。人们必然将凯撒置于国家诸神中间。肖像（simulacrum）就是一尊塑像，通常是供人敬奉的神像。我们记得凯撒的塑像摆进奎里纳斯神庙，还至少有两次被抬着参加戏院游行（pompa circensis），每次都有诸神相

---

[1] R. Syme, *The Roman Revolution*, 1939, 页 54、4。

[2] Joseph Vogt, "Zum Herrscherkult bei Julius Caesar", *Studies Presented to David M. Robinson* II, 1953, 页 1138。

伴。山墙（fastigium）就是神圣建筑的人形墙，虽然不是必须要有。山墙可能意味着大祭司的宫殿，即凯撒的住所。在3月15日的前夜，卡尔柏尼亚（Calpurnia）看到凯撒房子的山墙倒了，认为这是个危险的迹象。公元前44年的硬币（Sydenham 1076）显示的是神庙正面，还有山墙壁板的斜面，即山墙的内三角。对西塞罗来说，山墙肯定会让他联想到对凯撒的敬奉。最后一个词是祭司（flamen），西塞罗（II 110）接着说"朱庇特、马尔斯、奎里纳斯都有祭司，安东尼就是朱利乌斯神的祭司"。在XIII，西塞罗又说安东尼是凯撒的祭司，尽管凯撒遇刺后他不再扮演这个角色。安东尼为什么放弃了祭司之职？答案当然是凯撒死后不可能再对他进行正式的神灵祭拜。鲍尔斯登①认为没人曾提议安东尼担任这一职位；但如果凯撒没有遇刺又会发生什么情况？否则，西塞罗的话会全无意义。安东尼也在演说辞中避免提到神化的凯撒；他称凯撒为伟人（tantus vir）或杰出公民（clarissimus civis）；但他那是在担心自己的性命。

我相信西塞罗言行一致，因为他想把凯撒描述为一个神。我们在这里先分析一下后期的证据。迪奥，甚至普鲁塔克都印证了西塞罗的解释。迪奥（43, 45, 3）说奎里纳斯神庙的塑像有不可战胜之神（deo invicto）的铭文，人们将凯撒的塑像与诸神的一起抬着游行。就此而言，迪奥只确认了西塞罗的话。当他补充说凯撒的塑像将在所有城市和罗马所有神庙竖立时，这可能是夸大其词。但公元前45年和44年，元老院颁布法令，将如此多的荣耀不加节制地倾泻到凯撒头上，都是说凯撒的王者或超人品质，而凯撒则是来者不拒。安东尼可以借此反驳西塞罗，说他们这样做是为了给凯撒抹黑，让人心生疑虑（西塞罗，Phil. XIII）。当时安东尼正竭尽全力对刺杀凯撒密谋的主要缘由轻描淡写。正如西塞罗所说：你，正是你在牧神节上杀死了凯撒（tu, tu illum

---

① Balsdon（前述本文第7注），页84。

occidisti Lupercalibus）。

西塞罗提到的这一著名场景在《腓力比克》II 和其他地方有更详细的记述，而且有许多材料来源。"比事情本身更为可耻的是将王冠放在凯撒头上的人还活着，而拒绝了它的人遇刺身亡却在所有人眼中是罪有应得？"针对牧神节上的事情，凯撒命令手下在年表中做如下记述：凯撒，终身独裁官，执政官安东尼欲依从民众要求授予其王冠，凯撒拒绝。这里需要对此做一下评论。王冠：统治与祭拜显然在这里汇合；凯撒拒绝接受的王冠悬挂于罗马唯一认可的国王朱庇特神庙里。但王冠是不是应民众的要求授予？公民大会未就此做出决定，执政官也不是按照元老院的建议行动。元老院和罗马人民（SPQR）对此没有说明，我们从西塞罗那里知道民众对国王的名称反应非常冷淡，而对凯撒拒绝的欢呼则相当干脆。甚至铭文的措辞似乎都表明凯撒是在公众的压力下拒绝的。

凯撒将王冠献给朱庇特神庙。奥尔弗尔迪教授[①]发现了一枚硬币，为这件事增加了新的素材，如果说硬币是真的及其铭文可以接受的话。CAESAR DICT. QUART.；造币人梅蒂乌斯（Mettius），公元前 44 年早期。在许多相同类型硬币另一面，我们都发现有占卜官的器物——弯号角（Lituus）。在这种情况下，将现有的硬币换一枚放到王冠上是不可能的。奥尔弗尔迪认为这枚孤版硬币描绘了悬挂在神庙中的王冠。如果真是这样，就意味着这枚硬币是在 2 月 15 日（牧神节）后立即铸造的，DICT. PERP. 的日期甚至比它都要晚。有人对整个论断表示强烈的质疑。这是一个要由古币学家来决定的问题，但外行人无法消除的疑虑是在官方发行中 DICT 中的"I"是否能被图像遮掩。据我所知，这一时期的硬币还没有发生过这种情况。另一面占卜人也有问题，但不是梅蒂乌斯是不是造币人的问题。公元前 63 年的硬币有国王马喜

---

① 关于 Alföldi，见前注。

阿斯（Ancus Marcius）的头像，看上去像凯撒的长兄，上面有皇冠，显然是希腊化影响下的年代错植（anachronism）。在共和国晚期，王冠肯定是君主制一定程度上自然的象征。凯撒拒绝了王冠，那他戴的又是什么？我们都知道是桂冠。但如果认真看凯撒的大部分硬币，会发现一种非常特殊的桂冠。这是克拉夫特（Kraft）教授的发现。① 硬币表明弯号角很容易就变成奥尔弗尔迪所说的王冠（[译注] 弯号角与王冠在硬币上的形状几乎一样，唯一的差别在于王冠的头偏向左，而弯号角的头偏向右）。关于桂冠，我们只需与奥古斯都的进行对比：带有桂叶有时还有果实的嫩枝，后面扎成飘带型。凯撒的桂冠是象征性的，很紧，没奥古斯都的那么宽大，后面没有结，但在前额处有突出。这种桂冠形式甚至在凯撒死后都在他的硬币上留存下来。凯撒的桂冠看上去像一个金属制品，由于我们知道凯撒戴过金桂冠，情况就足够清楚。最为令人惊讶的是，世世代代以来，包括古币学家在内没人注意到这种差别，人们只是变换桂冠或王冠的称呼。克拉夫特说伊特鲁里亚（Etruscan）图片中有类似的情况。凯撒公开穿戴的凯旋装束是紫色的外袍，这也起源于伊鲁里亚人。这最有可能是伊鲁里亚国王的服装，而人们认为凯撒的红色鞋子起源于阿尔巴隆加（Alba Longa）早期的国王。但这些情况（像克拉夫特推测的那样）并不能得出结论说，这种装束（包括金冠在内）是罗马古代君王的服饰。我们无法事先做出这样的假设，因为罗马最后一位伊鲁里亚国王代表着遭人痛恨的僭政，与对罗马君主的普遍感情相当不同。我们能拿得准的只是凯撒接受了伊鲁里亚节日里国王戴金冠的方式；凯撒戴金冠甚至要以大祭司为遮掩。

　　这些事实对于凯撒在生命最后阶段的立场又有何意义呢？在我看来，敬奉和神性似乎超越了任何合理的怀疑。凯撒的权力和

---

① K. Kraft, "Der goldene Kranz Caesars", *Fahrbuch für Numismatik und Geldgeschichte*, 1955。

荣耀是无限的，只不过是没有国王的名分。许多荣耀只不过是元老院的吹捧和媚态；但凯撒本可以拒绝，如果他想的话（凯撒曾拒绝过几个荣誉，不管如何勉强）。其他的显然是凯撒的法令，或者说元老院的法令，他的祭司以及西塞罗在《菲利比克》II 中提到的情形。实际发生的事情有以 Quintilis 命名的月份改为 Iulius；罗马表演的第五天献给凯撒；誓言由 Genius——凯撒身上的神圣精神所取代；凯撒在元老院有一把加高的金椅，真正的王座；凯撒是道德风尚检察官（praefectus morum），还像罗慕路斯一样是国父。我们没有必要把所有更为夸张的流言和说法都讲出来，迪奥说凯撒同罗慕路斯一样葬在罗马墙（pomerium）内。阿德科克说①："凯撒遇刺是因其所是，而非因其或是。"这听起来令人惊讶，但我怀疑这些无法估量的事情（imponderabilia）能否成为有分量的材料。当可能性中有各种他们担心的事情时，密谋者很难对事实和可能性做出明确的区分。无论如何，他们有足够的理由说服布鲁图斯，我们还需要对这些密谋者做进一步的认识。

有件事似乎与我们的看法相对立。凯撒是否曾想创建一个王朝？凯撒通过遗嘱将屋大维收为养子，这并不意味着他把这个十八岁的孩子视为罗马下一任统治者。屋大维对凯撒最后的意愿一无所知，尽管我并不认同收养不过是屋大维后来的一个政治把戏的说法。②另一方面，让人惊讶的是，连罗斯托夫采夫（Rostovtzeff）③ 这么伟大的现实主义史学家都把收养看做是"凯撒将屋大维视为继承人和王位接续者的明确证据"。凯撒没有其他的人选，他当然不会看中安东尼。凯撒想要一个儿子，遗愿是留给卡尔柏尼亚的遗腹子。克里奥帕特拉从未对凯撒有过决定性的影

---

① Adcock（见前注），页 724。

② W. Schmitthenner, "Oktavian und das Testament Caesars", Zetemata, Heft 4, 1952。即便我无法接受 Schmitthenner 的结论，这也是一篇最有价值和最令人感兴趣的论文。

③ M. Rostovtzeff, *History of the Ancient World* II, 页 147。

响；但她是不是凯撒儿子的母亲？当克奥帕特拉于公元前45年至44年在罗马时，她肯定提前怀了孕。我们好奇的是凯撒对此并不介意，除非那个迅速出生的孩子——闷闷不乐的凯撒伦（Caesarion）真的是他的儿子（鲍尔斯登否认这一点）。无论怎样，凯撒决不会把他看作继承人人选。凯撒已五十七岁，身体不是很好并且对密谋的危险非常警惕，但他并不认为自己的生命已近终点。关于凯撒对死亡满不在乎的故事都像是事后编造。我们可以探求各种心理原因；可以认为他想要的统治形式完全是个人式的——不管怎样，凯撒没有安排继位人的企图。

这是不是意味着凯撒不希望成为国王？有些学者太倾向于假定凯撒的专制（实际上是有实无名）必然是希腊模式的复制品，是巴赛勒斯（Basileus）而非国王（Rex）。除了克里奥帕特拉外的那些堕落软弱的国王没有提供非常有价值的范例。从罗马的传统来看，这两者都不是凯撒的目标。那么凯撒的目标是什么呢？塞姆①认为，与庞培和奥古斯都相比，凯撒是更纯粹的罗马人；在我看来，这种看法不可理解，除非把罗马等同于伟大。凯撒与传统的决裂太过明显。我们能否假定，实际上是我们是否必须假定，凯撒想创建自己的专制形式，既非罗马的亦非希腊的而是凯撒的？凯撒利用各种传统，无论什么样的象征，只要合适，他都拿来，这样使各方有可能做出一个妥协。凯撒没有规划君主制的最终形式，这增加了我们研究的困难。无论如何，凯撒没有使自己的统治形式完工，没有交给继承人一个现成的体制。

还有其他的材料支撑我们的观点。给西塞罗留下如此糟糕印象的游行显然是罗马的传统，是罗马长期以来奉行的敬神仪式。这明显与凯旋游行（pomp triumphalis）相关，而不管凯旋游行源

---

① Syme（见前注），页54。
（［译按］本文选自《古典学评论》(The Classical Review)，Vol. 17, No. 3, Apr., 1903，页153－156。）

于何处，它都是罗马人最典型的活动。凯撒的塑像与胜利女神像并肩出现，这不禁会让人想起，那次著名的酒神节大游行，还有神的人格化。托勒密二世为庆祝他的前辈，让亚历山大和托勒密一世出现在诸神中间。凯撒的游行肯定融合了各种元素。地球仪出现在凯撒的一些硬币中，实际上，自公元前70年代以来，地球仪就与罗马人民的天才或罗马神有着密切的联系。迪奥（43.14, 6; 21, 2）告诉我们凯撒有一尊塑像是将脚放在地球仪上。我们记得德米特里厄斯（Demetrius Poliorcetes），希腊神圣王权的化身，摆过同样的姿势。更重要的是，凯撒还是第一位将肖像刻在硬币上的罗马人，从而占据了通常由神享有的位置，而这在亚历山大和其他希腊国王来说则是司空见惯的事。如果从政治的角度说，凯撒的职位没有完全发育成罗马独裁（尽管只差一点点），那么其职位的宗教层面至少说受到了希腊观念和体制的强烈影响。这两种来源，加上伊鲁里亚传统汇聚到一起，合为一个仍在发展但没有完成的概念，不过人们都已经看出凯撒君主制的雏形。凯撒有宫廷和臣僚，西塞罗对此不止一次地抱怨。从凯撒自己的视角来看，政治与宗教，罗马与非罗马特征，这些作为统治的表现是一体的。

我们关于目标的知识构建同时也遮蔽了脑海里凯撒生命最后几个月的图景。如果把重点集中于凯撒本人的立场，我认为这样做有足够的理由，实际上它几乎是所有问题的线索。凯撒为罗马帝国推行和规划的事业主要依赖于他的权力和权威。谈论凯撒的最终目标，我们不能忘记他为帝国的安定以及罗马社会必要的（如果说危险的）转型所做的坚实工作。公元前46年，西塞罗在《为马凯罗声辩》（Pro Marcello）演说中敦促凯撒在取得丰硕的军功后致力于和平重建。凯撒无疑的确在推选一个政治和社会规划，这要比其他任何事情都更为迫切。但凯撒也准备对安息和大夏（Dacia）开战。这是否同样迫切？自卡里（Carrhae）以来，安息就对叙利亚行省构成威胁，安东尼的军事行动后来也确认了这一点。罗马城内蔓延着一种要为克拉苏惨败报仇并在东方展示罗马力量的情绪。奥古斯都于公元前 20 年着重以和平但体面的方式予以解决，就是这个问题的最终证明。在罗马东北部，大夏王国已经崛起，对边境的威胁日益加剧。当凯撒就战争做出决定时，他是伟大的战士，帝国的构建者；凯撒可能认为胜利同样会解决掉其他的问题。凯撒会再次被称为元首（imperator），这一时期的硬币清楚地印着这一称号，并获得罗马人民新的支持，而他们刚刚表现了对皇冠的不悦。

我曾提到西塞罗的反应，但他不是密谋者，尽管西塞罗的名字在事后成了密谋者的标语：西塞罗与自由（Cicero et libertas）！布鲁图斯和卡西乌斯的反应在硬币上都有体现。有一个硬币上有佛里吉亚（Phrygian）帽和两名刺客的肖像，还有"EID MAR"或"LIBERTAS"铭文。对自由这个概念的理解千差万别；我们千万不能以此为立论基础。还有一枚 BRUTUS IMP 的硬币，背面是拿着玉米穗的胜利女神，象征着和平与繁荣，她打碎了王冠，将权杖踏在脚下，而后两者都是君主制的著名象征。大部分东部的凯撒硬币都有权杖，而在罗马它一直是神圣罗马的象征。密谋者对凯撒的职位怀着什么样的情感，我们很清楚。硬币尽管是事后发行并且有宣传用意，但仍非常重要。毕竟布鲁图斯的声望使密谋成为可能，况且也不仅仅是因为他于公元前 45 年夏天或秋季娶了卡图的女儿。布鲁图斯违背母亲（凯撒以前的情妇）的意愿娶她可能是因为他天生就有的"卡图派"倾向。密谋是反对共和国的敌人、专制的凯撒。布鲁图斯硬币的正面显示有海神尼普顿（Neptune）或布鲁图斯的头像。共和派的领袖要遵循凯撒开创的前所未有的先例，在罗马传统中，这是不是软弱的标志？

凯撒接受了神圣统治的象征。他还将胜利者的徽章和着装变得具有鲜明的个人特色。凯撒并不想反复庆祝同一次胜利，尽管这成为自己王权的外在标志。如果凯撒的确使用了伊鲁里亚君主制的一些徽章，他这样做不是为了复兴那一陈旧的体制，而是为了找到自己君主制的新符号。他是独一无二的全权统帅（Cicero pro Lig. 5），是甚至高于终身独裁官的不可战胜者。《西彼拉占语集》说只有国王才能征服安息，这个故事可能是编造或流言，尽管凯撒的确可能宣称他在罗马或意大利不是国王，但要作为行省的国王对外征伐。凯撒是一切武装力量的司令官，帝国和罗马疆域（orbis Romanus）的真正统治者。在一个刚刚结束内战的帝国，军队的长官就是帝国的首领。罗马的城市国家，甚至延伸到整个意大利，都表明无法统治一个帝国，必须要找到新的管理形式。凯撒在整个帝国范围内建立殖民地，大规模扩大公民权，这一政策成为尝试的开端。坚实地（或者说他认为如此）建立了延伸至阿尔卑斯山的意大利联盟后，凯撒开始在新的基础上焊接整个帝国。这并不是说凯撒不再把罗马和意大利看作中心，或者他将要成为东方的苏丹。有谣言说凯撒想在亚历山大港或伊里昂（Ilium）建立新首都，想娶几个妻子从而能生个儿子，这都是些流言飞语，无法令人信服。凯撒没有仿效希腊的神圣国王，甚至都没有学亚历山大，但他的确超过了罗马传统的框架。凯撒目光远大，要在罗马的统治下建立一个统一帝国，一个既有意大利人又有希腊人的帝国。用天才的远见和同样天才的对自己命运的置之度外，凯撒努力去预测接下来两三百年的发展。凯撒可能在最后的岁月里有自大狂的迹象；但即便这是真的，那也不是真正的凯撒。成为神化的统治者，做不是希腊或罗马的而是帝国的国王，最有可能是凯撒的最终目标。我们可以得出结论说，凯撒着手采取一种很久以后才实现的统治形式，罗马希腊元素在这种形式中颇具东方特色地融合在一起，成为新事物。凯撒将是一个帝国的统治者，罗马的第一位皇帝。

凯撒对命运的理解*

福勒（Warde Fowler）

人们普遍认为凯撒对自己的好运深信不疑。有些作家甚至假定凯撒认为有位仁慈的命运之神料理着他的生活，确保自己在精心算计雄心勃勃的军政生涯中取得成功。蒙森（Mommsen）确实就此小心翼翼地提出（《罗马史》，IV.452）：

> 不管如何审慎地谋划，如何周密地盘算一切可能出现的情况，凯撒心里总会有一种感觉，所有的幸运或者说偶然都要用来取得成功。这可以与当时的境况联系起来，凯撒常常与命运进行疯狂的赌博，一次又一次大胆而又满不在乎地让手下冒险。眼光敏锐的人偶尔会置身于危险的赌博中，因此，在凯撒的理性主义中存在一个与神秘主义触接的界点。

近期，霍默斯先生（T. Rice Holmes）写了一部杰作《凯撒对高卢的征服》（*Caesar's Conquest of Gaul*，页 22）。我认为他的观点更为明确，现摘引下面几句话：

> 他以敬神者的虔诚坚信，在自己之上有一股力量，没有

---

* ［译按］本文选自《古典学评论》（*The Classical Review*），Vol. 17，No. 3，Apr.，1903，页 153–156。

它的帮助，再准确有力的判断、再辛苦精明的算计也可能会以失败告终。这种力量就是命运，凯撒相信，命运是站在他这边的。

在罗马革命及帝国初期，人们对命运、神、定数或者简单地说运气、机缘的信仰是个极其有趣的问题。我最近努力寻找当时作家们对这一神秘力量的看法。就凯撒自己而言，我在他的作品中（这是我们唯一的有力证据）没有发现任何能证明霍默斯先生观点的证据。我能够指出，对命运的迷信（据说苏拉就迷信命运）在与凯撒同时代的作家身上体现得更为突出。我们还有理由认为，对天命（blind chance）的信奉——无论是不是把它看作神——在凯撒死后的那一百年里才逐步壮大。老普林尼在非常有名的一段话里对其巅峰状态也有反映（《自然史》，卷2，第22章；[译注] Persus 排为第 5 章）：

> 整个世界，时时处处，命运都成了人人求拜的唯一的神。只有她，人们常常提起；只有她，人们加以指责怪罪；只有她，萦绕在我们的脑海里，人们或称道或抱怨；命运可说是含辱忍谤。人类认为命运摇摆不定，有眼无珠，四处游荡，多变无常，往往垂青那些卑劣之徒。我们所有的损失和收获都可归之于命运，只有她盘点有死者的这些账目，平衡收支。我们沉湎于机缘的威力，把变化本身看作一尊神，对神的存在却满腹狐疑。

这段所描述的信仰趋势并不奇怪，当时有教养的人几乎都丧失了对神的古老信奉，又很少有人能像卢克莱修那样意识到自然普遍法则的力量，基督教观念对罗马社会的影响还没有开始，即相信有位仁慈的上帝在赐福，不是随意地，而是依照个人和社团的德性。最接近这种观点的就是有人相信有一种命运支配着罗马

（罗马人民的命运），它会在罗马人道德沦丧的时候弃之而去。这种观点在维吉尔身上体现得最为清楚，他给予埃涅阿斯的道德色调要比罗马文学中的其他任何作品更为浓厚。我必须要回到凯撒，本文主要分析的就是他的观点。

霍默斯先生引用了凯撒的几段文字来支持他的观点，我首先探讨这些段落。

（1）第一段文字就是公元前49年4月16日凯撒写给西塞罗的信（Att. 10.8B）：

> 这样做会严重损害我们的友谊，你也没有看清这对自己的影响，就算上苍不会对你产生影响（一切都似乎证明对我们最为有利，对敌人最为不利）。

现在来看，这些话无非是一个男人敦促朋友加入到战争或政治中的胜利一方。凯撒思索的不过是前面三个月发生的事情，成功不是源于幸运，而是完全归于凯撒自己的技能和迅捷。鉴于西塞罗的敏感，凯撒老练地暗示幸运善待他，如果加入到自己这边，可能也会善待西塞罗。

（2）霍默斯接着引用了《高卢战记》（卷五58.6）：

> 命运支持了人的判断（comprobat hominis consilium fortuna）。[①]

这一段对于凯撒的命运观并非没有价值，不过这里的人不是凯撒本人，而是拉宾努斯（Labienus）。事实证明，拉宾努斯消灭英度鞠马勒斯（Indutiomarus）的计划，我们应该说，谋划精当。

[①] ［译按］任炳湘先生的译文是"事实证实了他的计划"，Fortuna 译为"事实"。

(3)《高卢战记》卷六30：

　　命运的力量毕竟极大，不但在每一件事情上都是如此，在战争上更为特出。

要理解这些话的分量就要通读整章。凯撒本人没有在场，他的将军巴希勒斯（Minucius Basilus）在茂密难行的丛林地带追捕安皮奥列克斯（Ambiorix）。凯撒的意思是巴希勒斯很幸运没有鲁莽地闯入敌人的区域，安皮奥列克斯的运气更好，得以逃脱。这个国家的自然环境使得运气会比平时产生更大的影响。

(4) 和（5）《高卢战记》卷六35：（直接引用第42段）

　　命运在战争中的力量有多大，它所制造的事故是多么难于捉摸，在这里便可以看出。

凯撒说这些话是介绍西塞罗（Q Cicero）在阿杜亚都卡（Aduatuca）所遭受的灾难，苏刚布里人（Sugambrian）出乎意料地发动袭击，劫掠马匹。这些景象不禁让人想起后来在非洲南部发生的那些"令人难过的事件"。西塞罗违反凯撒的命令让半个军团出营寻找粮食，空虚的军营受到袭击，一位经验丰富的百夫长凭着英勇才使人们脱险。罗马军队搜集到粮食后在返回军营的路上受到攻击，所有粮食化为粉屑。凯撒当晚抵达，挽救了形势（c.42）：

　　他回来后，了解了战事的一切情况，只怪西塞罗一件事情，就是他派几营人离开值岗和守卫的工作到外面去。他指出，哪怕是最小的意外，也不应该让它有发生的机会。命运已经以敌人的突然来临证明了它的力量，又再把差不多已经要跑进营寨工事和大门的蛮族驱走，进一步显示了它的神迹。

凯撒通常会照顾到手下的感受，这在西塞罗身上得到了淋漓尽致的体现。令凯撒自己感到满意的是，他告诉西塞罗，受到突然袭击的确不幸，但其不应违抗军令，军营能够得以挽救实属运气。

(6)《内战记》卷三 10：

> 现在，正好是彼此都充满自信，双方似乎是势均力敌的时候，也正好是唯一的讲和时机，只要命运在两个人中的一个身上稍稍偏袒一些，看起来略占上风的人，就不会接受和平条件，自信会赢得全局的人，也不会再满足于和别人平分秋色。

凯撒描述的是公元前48年1月在爱培若斯（Epirus）登陆应对庞培的情况。他说双方胜利的几率相同，如果一方将来比对方运气好，就更难达成协议。这里显然把命运人格化了，不过也不能对这个词过于重视，毕竟凯撒在圆滑地暗示，如果对手失败应归咎于时运不济，而不是技不如人。

(7)《内战记》卷三 68：

> 但命运在任何事情上，都能发挥极大的作用，特别是在战争上，它只要轻轻摆动一下，就会使事情发生巨大的变化。这时居然就发生了。

这句话是凯撒对第拉修姆惨败的解释。这一厄运的原因可能是凯撒自己操之过急，他在没有详细侦察的情况下就下令进攻。凯撒手下的人作战能力并不强，我想他自己也感觉到了这一点。凯撒没有将其归于运气，实际上，失败的直接原因就是对自己军队的误判，尽管作为统帅对此做出正确的预判的确很难。我们需要注意的是，凯撒在战后对士兵讲话时说（73-4）：如果说，并不是每一件事都是一帆风顺地过来的，那他们就必须用自己的辛勤努力来帮助命运。

（8）《内战记》卷三 95：

> 当庞培的部队一路逃进壁垒时，凯撒认为不应该给这些惊惶失措的人喘息的机会，就鼓励部下好好利用命运的恩宠，马上进攻敌军的营寨。

在法萨卢斯（Pharsalus）战役后，凯撒让手下们有种诸事皆顺的感觉，以此鼓励他们去建立非凡功绩，猛烈进攻敌军的驻地。"命运的恩宠"是传统中常见的用法（比较《内战记》卷一 40），对于凯撒的命运观而言并无特殊含义。

（9）除了霍默斯引用的这些段落，我们还可以加上《高卢战记》卷四 26：

> 就缺了这点运气，凯撒才没获得惯常得到的全胜。

凯撒在不列颠登陆后不能追击被打败的敌人，因为运送骑兵的船只还没有到达岸边。这段当然表明，凯撒认为一直以来他是幸运的；不过对于规则而言这只是一个例外，实际上不例外的情况要多得多。

（10）《高卢战记》卷一 40：

> 至于有人报告说兵士们会拒绝听从命令，不再拔帜前进，他绝不因为这件事动摇，他知道，凡是被兵士拒绝听从命令的人，不是措置失当，为命运所弃，就是因为被发现了某些罪行，贪污有据。而他凯撒的清白却可以从一生的行事中看出来，他的命运之好，也可以从厄尔维几之役中看

出来。

我们可以将这一段与《阿非利加战记》(83) 进行比较,作者说在塔普鲁斯(Thapsus)战役中,凯撒无法再克制士兵们的冲动,就发出"好运"(Felicitas)的信号,率先发起冲锋。也就是说,手下让凯撒的谋划非常仓促,他只能希望他们的激情能带来好运。

关于好运的含义,我在这里插几句话。这个词并不仅指在几率上,如在赌博中,运气好。它只是指在谈及愉快的念头或猜测时我们自己的想法,并没有排除幸运的结果还需有人为因素的配合。西塞罗在《为马尼利亚声辩》(Pro Lege Manilia, x. 28) 中提到庞培时说,最高统帅应具备四个素质,军事技能、德性、权威和运气。从上下文来看(secs. 23–27),西塞罗的意思是最后一种素质通常在具备前三种之后才会出现。马克利乌斯(Ammianus Marcellinus, xxi. 16 13) 保存有西塞罗致尼波斯(Cornelius Nepos)的一封信件残篇。关于幸运的看法在其中有更为明确的表达,特别在提及凯撒时(Tyrrell and Purser, vi. 292):

> 西塞罗说"因为幸运就是在光荣的事业上取得成功",或者换种说法,"幸运就是提供好建议的命运,没有这些建议的引导,人就无法幸福。因此像凯撒这样邪恶不虔敬的人不可能幸运"①。

从语气来看,这段话写于凯撒死后,让人想起雷必达刚刚捐资或将要捐资修建新的幸运神庙。神庙就建在苏拉修建的库里亚(Curia)遗址之上,凯撒显然是为了给幸运神庙腾地方把它给推倒了。(Dio Cass. 44, 5; Aust. De aedibus sacris p. 30。凯撒可能在塔普鲁斯

---

① [译按] 参考了 C. D. Yonge 的英译, Ammianus Marcellinus, *The Roman History*, London: Bohn (1862)。

许过愿要建这座神庙)。

　　再回到凯撒本人,我分析他作品中出现命运(fortuna)一词的大量段落,但就这个问题没有发现更多的提示。从上面的引述来看,我们似乎无法得出结论说凯撒对自己的好运坚信不疑。尽管在凯撒生命的终点,幸运神庙可能表明他回顾自己的一生,对自己运气之好感到错愕。有两个段落提到了凯撒军队遭遇的灾难,也提到了沮丧(disappointment),尽管凯撒在其中一段(第9段)随意地暗示过他以前的幸运。有一段(第2段)是指拉宾努斯;另一段(第6段)态度中立,第8段的命运一词属传统用法。第1段有提及,但如我所指出的那样,它仅指一次行动,还有照顾西塞罗感情的用意。在第10段,凯撒在另一次行动中提到了他的好运。这个词并不必然是指他认为自己受到神秘力量的青睐。在我看来,凯撒在这里似乎同卢克莱修一样头脑完全清醒。从凯撒身上,我找不到什么神秘主义的色彩。他同我们所有人一样的确相信有好运和霉运。凯撒认为,对于无法准确预测的事情,我们往往只能相信运气,但是要在用尽自己全部力量来争取好运之后。必须要冒风险,尤其是时间紧急的时候,而对凯撒来说这已是家常便饭。很早以前,仔细研究了凯撒的军事行动后,我就认为凯撒甚至都不冒大的风险,除非他明白敌人不可能利用自己所提供的机会。如果运气不好,凯撒显然相信可以通过勤勉(industria)来弥补。这方面的范例就是,在伊莱尔达,由于河水骤涨,凯撒面临着极大的危险,通过辛苦努力才得以解脱,在军事史上没有比这更好的诠释勤勉的例子了。

　　尽管从没有真正地把命运拟人化过,但与现代将领相比,凯撒的确在行动中更强调运气。不过,这只是那个时代的作家的一个普遍倾向。共和国最后一百年的风风雨雨让人们相信机缘盲目地或随意地宰制着人事。社会和政治似乎由不仁慈的命运或变化的理性法则主管。但其他作家要比凯撒本人对命运重视得多,本文的结尾将列举凯撒同辈或朋友的一些话,我们从中可稍见端倪。

撒路斯特《喀提林阴谋》：

（8）但是，毫无疑问，是命运在主宰着一切。她可以任意地使一切事件变得有名或默默无闻，而不顾事实。

（10）但是，当罗马由于辛劳和主持公道而变得强大起来的时候，当那些强大的国王在战争中被制服的时候，当野蛮的部族和强大的民族被武力征服的时候，当罗马统治的对手迦太基已被彻底摧毁而罗马人在所有的海洋和陆地都畅行无阻的时候，命运却开始变得残酷起来，把我们的全部事务搅得天翻地覆。（王以铸译文）

《亚历山大战记》（可能由 Asinius Pollio 所著）章 25：

对于一个多次赐予恩宠的人，命运之神也常常会把悲惨的遭遇留给他，现在在等着欧弗拉诺尔（Euphranorem）的就和往昔大不相同了。

西塞罗《论预言》（De. Div. II. vii 18）：

没有什么比命运更有悖常规和理性，在我看来，神自己似乎都无法完全预知那些依机缘和运道而生的事情。

尼波斯，《迪翁传》（Dion 6）：

在出人意料的巨大成功之后紧接着就是突然的变故，变化无常的命运刚刚把他推上峰顶，又把他抛入人生的谷底。她先是向他的儿子发了淫威，我在前面对此已经提及。

同上，《阿提库斯》（Atticus, 19）：

  由于荣华眷顾着凯撒，命运给予他以前曾施舍给人的全部，确保凯撒能够建立罗马公民从未拥有过的功业。

西塞罗《为马凯罗声辩》（Pro. Marcello iii 7）：

  即便人事的女主人——命运女神也无法对这一荣耀进行任何干预。她屈服于你，承认这一切都是你自己的，是你应得的私产。

最后两段以及前面提及的西塞罗致尼波斯残篇似乎都表明，凯撒非凡的好运只是同代人非常自然的一种笃信，仅此而已，在凯撒的作品中我们则找不到什么痕迹。其他人表现出将命运人格化的倾向（虽然很难说命运是一位神），认为她骄横任性，反复无常，而这在凯撒的作品同样也找不到。

图书在版编目(CIP)数据

凯撒的剑与笔/李世祥编译. — 北京：华夏出版社，2009.1
（西方传统：经典与解释）
ISBN 978－7－5080－5111－6

Ⅰ．凯… Ⅱ．李… Ⅲ．古罗马－历史－文集
Ⅳ．K126－53

中国版本图书馆 CIP 数据核字(2008)第 212219 号

凯撒的剑与笔

李世祥　编译

出版发行	华夏出版社
	（北京市东直门外香河园北里 4 号　邮编：100028）
经　　销	新华书店
印　　刷	北京圣瑞伦印刷厂
装　　订	天津市武清区高村印装厂
版　　次	2009 年 1 月北京第 1 版
	2009 年 1 月北京第 1 次印刷
开　　本	880×1230　1/32 开
印　　张	6.75
字　　数	180 千字
定　　价	22.00 元

本版图书凡印刷、装订错误，可及时向我社发行部调换

西方传统：经典与解释

新的方式与制度——马基雅维利的《论李维》的研究
[美] 曼斯菲尔德 著

论埃及神学与哲学——伊希斯与俄赛里斯
[古希腊] 普鲁塔克 著

凯撒的剑与笔
李世祥 编／译

托尔斯泰与陀思妥耶夫斯基
[俄] 梅列日科夫斯基 著

纪念苏格拉底——哈曼文选
刘新利 选编

科耶夫的新拉丁帝国
[法] 科耶夫 等 著

夜颂中的革命和宗教——诺瓦利斯选集卷一
[德] 诺瓦利斯 著

大革命与诗化小说——诺瓦利斯选集卷二
[德] 诺瓦利斯 著

《利维坦》附录
[英] 霍布斯 著

巨人与侏儒
[美] 布鲁姆 著

或此或彼（上、下）
[丹麦] 基尔克果 著

海德格尔与有限性思想（重订版）
刘小枫 选编

海德格尔式的现代神学
刘小枫 选编

走向古典诗学之路——相遇与反思：与伯纳德特聚谈
[美] 伯格 编

论宗教大法官的传说
[俄] 罗赞诺夫 著

上帝国的信息
[德] 拉加茨 著

双重束缚
[美] 基拉尔 著

俄耳甫斯教祷歌
吴雅凌 编译

俄耳甫斯教辑语
吴雅凌 编译

黑格尔的观念论
[美] 皮平 著

古今之争中的核心问题
[德] 迈尔 著

浪漫派风格——施莱格尔批评文集
[德] 施莱格尔 著

赫西俄德：神话之艺
[法] 居代·德·拉孔波等 著

神圣的罪业
[美] 伯纳德特 著

论永恒的智慧
[德] 苏索 著

宗教经验种种
[美] 詹姆斯 著

尼采反卢梭
[美] 凯斯·安塞尔－皮尔逊 著

施米特对自由主义的批判
[美] 约翰·麦考米克 著

舍勒思想评述
[美] 弗林斯 著

诗与哲学之争
[美] 罗森 著

基督教理论与现代
[德] 特洛尔奇 著

亚历山大的克雷蒙
[意] 塞尔瓦托·利拉 著

伊壁鸠鲁主义的政治哲学
[意] 詹姆斯·尼古拉斯 著

神圣与世俗
[罗] 伊利亚德 著

中世纪的心灵之旅——波纳文图拉神学著作选
[意] 圣·波纳文图拉 著

西方传统：经典与解释
CLASSIC & INTERPRETATION

HERMES

刘小枫◎主编

弓弦与竖琴——从柏拉图解读《奥德赛》
[美] 伯纳德特 著

墙上的书写——尼采与基督教
[德] 洛维特/沃格林 等著

论古人的智慧
[英] 培根 著

希伯莱圣经历代注疏

希腊化世界中的犹太人
[英] 威尔逊 著

第一亚当和第二亚当
[德] 朋霍费尔 著

卢梭注疏集

设计论证——卢梭的《社会契约论》
[美] 吉尔丁 著

卢梭的自然状态
[美] 普拉特纳 等著

卢梭的榜样人生——作为政治哲学的《忏悔录》
[美] 凯利 著

柏拉图注疏集

叙拉古的雅典异乡人——柏拉图《书简七》探幽
彭磊 选编

阿威罗伊论《王制》
[阿拉伯] 阿威罗伊 著

《王制》要义
刘小枫 选编

柏拉图的《会饮》
[古希腊] 柏拉图 等著

苏格拉底的申辩
[古希腊] 柏拉图 著

苏格拉底与政治共同体
[美] 尼科尔斯 著

《法义》导读
[法] 卡斯代尔·布舒奇 著

论真理的本质
[德] 海德格尔 著

莱辛注疏集

启蒙运动的内在问题——莱辛思想再释
[美] 维塞尔 著

莱辛剧作七种
[德] 莱辛 著

智者纳坦（研究版）
[德] 莱辛 等著

历史与启示——莱辛神学文选
[德] 莱辛 著

论人类的教育——莱辛政治哲学文选
[德] 莱辛 著

色诺芬注疏集

居鲁士的教育
[古希腊] 色诺芬 著

驯服欲望——斯特劳斯笔下的色诺芬撰述
[法] 科耶夫 等著

论僭政——色诺芬《希耶罗》义疏
[美] 施特劳斯 著

色诺芬的《会饮》
[古希腊] 色诺芬 著

施特劳斯集

回归古典政治哲学——施特劳斯通信集
[美] 列奥·施特劳斯 著

隐匿的对话——施米特与施特劳斯
[德] 迈尔 著

苏格拉底问题与现代性
——施特劳斯演讲与论文集：卷二
[美] 列奥·施特劳斯 著

尼采注疏集

尼采的使命——《善恶的彼岸》绎读
[美] 朗佩特 著

尼采与现时代——解读培根、笛卡尔与尼采
[美] 朗佩特 著

动物与超人之间的绳索
[德] A.彼珀 著

经典与解释辑刊（刘小枫 陈少明 主编）

1. 柏拉图的哲学戏剧
2. 经典与解释的张力
3. 康德与启蒙
4. 荷尔德林的新神话
5. 古典传统与自由教育
6. 卢梭的苏格拉底主义
7. 赫尔墨斯的计谋
8. 苏格拉底问题
9. 美德可教吗
10. 马基雅维利的喜剧
11. 回想托克维尔
12. 阅读的德性
13. 色诺芬的品味
14. 政治哲学中的摩西
15. 诗学解诂
16. 柏拉图的真伪
17. 修昔底德的春秋笔法
18. 血气与政治
19. 索福克勒斯与雅典启蒙
20. 犹太教中的柏拉图门徒
21. 莎士比亚笔下的王者
22. 政治哲学中的莎士比亚
23. 政治生活的限度与满足
24. 雅典民主的谐剧
25. 维柯与古今之争
26. 霍布斯的修辞
27. 埃斯库罗斯的神义论
28. 施莱尔马赫的柏拉图
29. 奥林匹亚的荣耀
30. 笛卡尔的精灵

中国传统：经典与解释
CLASSIC & INTERPRETATION

刘小枫　陈少明◎主编

中国传统：经典与解释

《庄子·天下篇》注疏四种
顾实　高亨　等　著

荀子的辩说
陈文洁　著

古学经子——十一朝学术史述林
王锦民　著

经学以自治——王闿运春秋学思想研究
刘少虎　著

《铎书》校注
孙尚扬　肖清和　等　校注

大学素质教育读本

古典诗文绎读　西学卷·古代编（上、下）
古典诗文绎读　西学卷·现代编（上、下）